基金项目：湖北小城镇发展研究中心 2021 年度开放项目《乡村旅游创新研究》

数字化与乡村旅游空间布局

李君 ◎ 著

吉林人民出版社

图书在版编目 (CIP) 数据

数字化与乡村旅游空间布局 / 李君著 . -- 长春：
吉林人民出版社 , 2022.1
ISBN 978-7-206-18877-0

Ⅰ . ①数… Ⅱ . ①李… Ⅲ . ①乡村旅游 – 旅游规划 –
数字化 – 研究 – 中国 Ⅳ . ① F592.3

中国版本图书馆 CIP 数据核字 (2022) 第 009566 号

数字化与乡村旅游空间布局
SHUZIHUA YU XIANGCUN LÜ YOU KONGJIAN BUJU

著　　者：李　君
责任编辑：周立东　　　　　　　　　　封面设计：李　泉
吉林人民出版社出版 发行（长春市人民大街 7548 号）　邮政编码：130022
印　　刷：吉林省良原印业有限公司
开　　本：170mm×240mm　　　1/16
印　　张：11.75　　　　　　　　　　字　　数：210 千字
标准书号：ISBN 978-7-206-18877-0
版　　次：2022 年 1 月第 1 版　　　　印　　次：2022 年 1 月第 1 次印刷
定　　价：68.00 元

前　言

　　当前阶段，数字乡村建设正在全国各地如火如荼地开展，并已取得初步成效。在这一过程中，我国乡村数字化基础设施不断完善，乡村数字素养和数字化普及率稳步上升。随着大众化旅游时代的到来，现代人对于自驾游、自助游、自主游的需求越来越大，旅游成为刚需，再加上乡村振兴等一系列方针政策的全面铺开，使乡村成为不少现代人的向往之地，从而开启了乡村旅游的新时代。

　　乡村旅游发展现状表明，科学、合理地规划和布局乡村旅游资源及其空间结构，可辅助区域获取巨大的经济效益、社会效益及生态效益。若要确保乡村旅游空间布局符合现代景观规划标准，可借助现代数字化打破传统乡村景观规划设计方式。例如，数字时空轨迹数据、无人低空遥感技术以及地理信息系统、5G 技术等在乡村旅游空间布局规划中的应用与普及，不但改变了传统空间规划设计的工作方法和成果形式，也为空间规划设计提供了客观的支撑和依据，为乡村旅游空间规划的政策与制度设计提供了参考。

　　本书首先界定了数字化与乡村旅游空间布局两大概念及其相关研究内容；其次，探讨了数字化在乡村旅游空间环境调查、用地布局设计、交通系统组织及生态设计等领域所发挥的辅助作用；再次，研究从时空轨迹数据分析、无人机遥感技术及地理信息系统（GIS）技术三个数字化技术方面，探讨了数字化技术在乡村旅游空间布局中的应用策略及应用方法，通过大量实践并结合笔者自身实际研究分析各类数字化与乡村旅游空间布局的融合路径，为乡村旅游空间布局提供丰富的理论基础和实践参考；最后，研究基于5G 畅想未来如何进一步打造"数字化 + 文创 + 旅游"的乡村旅游新模式。无论是从前的理论研究阶段、实践创新阶段，还是未来的规划阶段，数字化都贯穿其中，特别是在实践环节，其与乡村旅游空间布局的整合为乡村旅游整体景观规划研究提供了新思路。

　　本书内容丰富、观点新颖，具有很强的实用性。本书的研究成果将服务于我国乡村旅游建设，为推动乡村旅游发展提供重要理论依据和参考。另外，也会唤起人们对乡村旅游空间布局与建设的重视和关注，使更多的人参与到这一伟大建设实践中来。

李　君

2021 年 10 月

目　录

第一章　绪论

一、研究背景

步入 20 世纪后，数字经济逐步成为全球经济社会发展中不可或缺的一部分。随着互联网、大数据、云计算、人工智能等数字技术的发展与应用，2019 年，中共中央、国务院印发了《数字乡村发展战略纲要》；2020 年，湖北省出台了"数字经济 13 条"，湖北省数字化建设优势显著；2020 年，多部门联合出台《关于深化"互联网＋旅游"推动旅游业高质量发展的意见》。

伴随着信息技术在日常生活运用中的成熟化和高端化，数字经济与实体经济的融合成为推动现代社会经济发展的重要动力。各类数字化技术逐步渗透至各行业领域，也在一定程度上带动乡村旅游逐渐升温。乡村旅游作为集农业、农村旅游、休闲服务于一体的体验型旅游方式，具有乡土气息浓郁、游憩空间布局灵活等特性。很多城市家庭会选择在周末去较近的农村地区体验农家乐，或者选择在节假日去著名的村镇或部落。乡村旅游的发展不仅为城市居民带来了身心上的放松与享受，更直接增加了当地居民的收入，促进了当地社会环境的发展。

当前阶段，数字技术水平的高低已经逐渐成为衡量一个国家技术资源强弱的标志。数字化、智能化、先进化成为新形势下乡村旅游空间布局面临的新任务。合理利用数字技术是解决乡村旅游科学技术运用范围小、理念守旧、动力不足以及营销手段落后问题的最佳选择，最大限度地通过各种数字化技术和手段创造出可持续发展、具备较大吸引力的乡村旅游空间。乡村旅游空间布局涵盖了环境调查、用地布局与设计、交通系统组织以及生态设计等各层面的规划与布局。作为乡村旅游发展的重要组成部分，乡村旅游空间规划布局的广度和深度为数字技术的应用提供了良好的切入点，而合理的乡村旅游空间布局也需要数字技术提供强大的技术支持。

二、研究意义

（一）对完善乡村功能和推进实施数字乡村战略具有现实意义

本书将数字化、智能化的技术融入乡村旅游空间规划，让"数字乡村"与"智慧旅游"政策落地，这对完善湖北省乡村功能、实施数字乡村战略、助力乡村精准脱贫有着现实推进意义。

（二）将数字化作用于乡村旅游空间布局具有实践指导意义

通过对数字化乡村旅游空间特征与困境的分析、数字应用的可行性分析，研究实证案例，提炼出典型的空间规划模式，为湖北省数字乡村空间发展战略和政策制定提供了重要的技术支撑和实践参考。基于此，本书具有以下三点实践指导意义：一是指导地方政府有效管理乡村旅游资源用途，科学指导乡村旅游景观布局，推进数字乡村旅游体系建设；二是为湖北省乡村旅游空间规划的政策与制度设计提供参考；三是为湖北省乡村规划编制提供技术与方法支撑。

（三）为完善数字化乡村旅游规划提供技术支撑

本书创新性地将几种主流数字技术融合到乡村旅游空间规划中，并解决其契合性问题，这将显著提升数字技术在乡村滞后区域的应用价值，凸显其对于乡村旅游空间布局优化的基础支撑作用，进一步提高数字化乡村旅游空间规划策略的准确性和适宜性，具有很强的实用性。

（四）探索和完善数字乡村旅游空间布局的优化路径

本书基于多元要素对乡村旅游空间特征与空间分布规律进行准确识别，清晰捕捉乡村旅游景观结构、功能分布、行为分析、发展方向和游客集聚效应的发展规律，利用现代化信息技术科学对比发展形态与现状形态，提出数字乡村旅游空间发展方向的优化路径。

三、关键问题与研究创新

（一）关键问题

第一，数字技术为乡村旅游空间布局提供决策依据，而乡村旅游空间布局需要数字乡村提质增效。基于农村数字化基础设施薄弱和观念滞后、现代化信息技术利用率低的现状，创新研究方法视角，引入实证案例，归纳出数字技术应用于不同类型乡村旅游空间规划的共性特征，提炼出空间组织模式的范型，加快实现数字技术与乡村旅游空间布局深度融合，从而达到广泛运用的目的。

第二，将智慧旅游、智慧城市延伸到乡村，对乡村振兴很重要，无论是分类推进乡村发展，还是培育新产业新业态、发挥乡村自然资源多重效益、弘扬中华优秀传统文化，都离不开它的助力。项目研究有助于打造湖北省乡村旅游数字新基建，构建其创新发展新动能。

第三，乡村旅游不能单打独斗，要进入全域旅游智慧体系，要注重顶层设计统筹规划，优化景区功能，凸显地域特色。

（二）研究创新

1. 研究对象的创新

当前阶段，关于数字技术与乡村旅游研究多停留在理论和政策方面，对数字技术在乡村旅游空间布局中的应用研究甚少。本书从实例角度出发，探究主流数字技术在乡村旅游空间布局中的应用方法和预期效果，并为后期湖北省乡村旅游规划提出指导性建议。

2. 研究方法的创新

本书创新性地采用交叉分析法，将多学科理论与研究方法相结合，运用现代数字技术作为可靠研究数据支撑，如旅游—空间分析模型和GIS辅助的空间分析方法、大数据调查分析法、DEM数字高程模型法、热力图结合TBI浏览数据法。

3. 研究视域的创新

传统乡村旅游空间研究主要包括乡村旅游模式、景观生态学，停留在景观规划的视域，而本书基于数字化的视域研究，进一步丰富了乡村旅游规划的概念和研究内涵。

4. 积极探索模型构建

凝练、归纳出不同类型乡村旅游空间的共性特征，及其一般规模、尺度、空间形态特征，提炼出基本的空间组织模式范型，及其乡村内部功能组织、空间结构与空间形态的构成原理，探索出数字乡村旅游空间布局的新路径。

四、研究思路与研究方法

（一）研究思路

本书以数字化作为辅助工具对乡村旅游空间布局进行深入探讨，主要围绕三个问题开展研究：第一，方法理论视角的创新；第二，乡村旅游空间布局如何与主流技术深度融合；第三，实证研究如何作用于乡村旅游空间布局。首先，界定了数字化和乡村旅游空间布局两大概念及其相关研究内容，对空间特征与困境进行概括总结和详细分析，并以此作为问题研究的依据。其次，提供数字化作用于乡村旅游的可行性分析，指出数字技术在乡村旅游空间环境调查与分析、总体用地布局与设计、交通系统组织以及生态设计等领域所发挥的辅助作用。再次，从实例角度出发，以鄂东三个乡村案例作为区域验证场景，针对时空轨迹数据分析、无人机遥感技术及地理信息系统（GIS）技术三个数字化技术方面，探讨了各自在乡村旅游空间布局中的应用策略及应用方法，对区域内旅游空间资源进行详细调查、分类、处理及评价，为后期湖北省乡村旅游空间布局和规划方案的制订提供切实可行的参考要点。最后，通过大量实证研究分析各类数字化与乡村旅游空间布局的融合路径，为乡村旅游空间布局提供丰富的理论基础和实践参考。

（二）研究方法

1. 调查研究法

项目前期调研通过大数据及统计分析、多地乡村实地查看、无人机航拍、摄影摄像、与村民交流的形式，获得相关村落的详细自然景观资料，填补卫星图的细节，获取无书面记载的人文景观资料。

2.实证研究法

结合试点区域实践案例，综合运用分区、分类的空间规划方法，并结合空间模型和情景模拟的技术方法，推演和提炼出乡村旅游空间布局和组织的典型模式，并进行稳健性检验。

3.交叉分析法

将多学科理论研究方法相结合，运用现代数字技术作为可靠研究数据支撑，如旅游—空间分析模型和 GIS 辅助的空间分析方法、多元要素集聚分析与立体形态多维特征识别的空间分析方法、大数据调查分析法、DEM 数字高程模型法、热力图结合 TBI 浏览数据法。

第二章 数字化概述与分析

第一节 数字化与数字乡村旅游的概念

一、数字化概述

（一）数字化的概念

本书所探讨的数字化主要是 20 世纪 60 年代以后运用于乡村旅游空间规划过程中的数字化，包括计算机数据处理技术、全球定位系统、遥感技术、地理信息系统、计算机辅助设计技术、虚拟现实技术、计算机管理与监控技术等。这些数字化渗透到乡村旅游空间规划的各个阶段，给乡村旅游空间规划带来了深刻的变化。

自 20 世纪 60 年代计算机发明以来，数字化掀起了发展的狂潮，可谓是第三次技术革命，这次革命引起了互联网技术、信息社会和信息技术、通信技术等的重大突破。数字与信息给人类带来了前所未有的便捷，同时也带来了社会各学科领域的变化。

早在 20 世纪 40 年代，香农（C. E. Shannon）证明了在一定条件下，用离散的序列可以完全代表一个连续函数，即采样定理。采样定理的出现对数字化技术的发展起到重要的推动作用。随后，尼葛洛庞帝（Nicholas Negroponte）的《数字化生存》（*Being Digital*）使得数字化这一概念广泛传播。数字化奠定了多类学科的基础并促使其不断进步。数字化是计算机运用的基础，计算机的所有运算和功能都是通过数字来完成的；数字化是多媒体技术实现的基础，其中数字、文字、图像、语音，包括虚拟现实和可视世界的各类信息等，通过采样定理对其信息进行识别和转换都可以用"0"和"1"来表示；数字化是软件技术进步的基础，软件中的应用软件、系统软件、工具软件等都是基于数字化实现的；数字化是信息社会不断变革的基础，数字化技术在生活产品中的广泛运用带来了一场社会变革。

（二）数字化的主要特征

第一台电子计算机 ENIAC 制造于 1946 年，它带来了巨大的社会反响。现在电子计算机遍布全球，数字化已经渗透到社会生活的各个领域。信息产业高速发展，并逐步超越传统产业占据了社会主导地位，数字化时代已经来临。越来越多的人接受数字化的社会，在这个社会中接受数字化的信息、指令、产品、交流。尼葛洛庞帝曾总结道："数字化有四个强有力的特质，这四个特质是分散权力、全球化、追求和谐、赋予权力。"

第一，社会普及化。20 世纪的大型机被低成本、大批量生产的小型计算机取代。百年来的发展证明了分布式系统具有无限升级的潜质，这是 20 世纪无论多么伟大的大型机都无法想象的。多台计算机联合起来共同处理计算消耗大的问题，使计算机可以用一种全新的方式满足自身计算量的需求。这种措施正逐步在整个社会中普及，特别是年轻高素质公民的影响对数字化在社会中的普及起到了重要作用。

第二，运用全球化。在互联网中，数字化的空间是近在咫尺的，世界信息可以在任何一台个人计算机上被自由地浏览，尽在掌握。在这个信息公开透明的空间里，民族国家也遭受到巨大的冲击，因为从前无法达成方案是受民族主义力量的阻挠，但在数字空间里可以规避阻挠，久久不能统一的方案可能会迅速统一。

第三，寻求和谐化。当人们固守己见，还无法完全摆脱许多传统的偏见时，新时代思想体系正在从数字化的环境中逐渐凸显出来。现在的数字化一代完全不受地理距离的阻碍，但是在过去，地理位置越近，各种关系将维持得越紧密。数字科技可以助力于把人们聚集到一个比过去更和谐的世界之中。现在如战场般危机四伏的企业和百家争鸣的学术界都以合作关系取代竞争关系，因为一切社会的进步都需要一个和谐的环境，并保持时效性，在这个环境中，各方通过互相帮助达到共赢的目标。例如，数字化多媒体通信能够让患者接受全国各地医生视频会诊。[①]

第四，权力的授予。权力是数字化生存的本质。数字化在社会中的持续发展可以让我们的未来不同于现在，很大程度是因为它易进入社会、流动性强的能力。数字化在未来将超越人们的预测。[②] 数字化的发展将以难以想象的速度、深度，更宽泛的维度悄悄改变人类的日常生活。数字化生存是一种高科技且反人文的非自然生存方式。但是由于高科技所控制的对象更为细致，由全社会细化至每个具体的个人，我们每一个人都会被信息技术覆盖，人对信息技术的依赖性逐步加强。即使这种数字化生存表面上看似乎不再受到工作场地、学习场地等空间的限制，但实际上，空间中的每个人都是数字化社会中精细分工的某一区域的子单元。

（三）数字化基本属性

数字化具有两类属性，一类为技术属性，其决定数字化的技术内涵；另一类为社会属性，其赋予了数字化的非技术内涵。

1. 技术属性

技术属性可以简单概括为计算机所固有的通信技术和网络技术。何明升将其概括为以下三点。

首先，技术规律决定了技术属性。技术属性不仅是人类孜孜不倦探索发展数字化过程中的认识成果，也是在研究数字化的过程中必须遵守的网络规则，赋予了现代技术一种"帝国主义性质"。维纳（N.Wiener）在研究数字化的过程中预言道：信息技术的发展将带来巨大的社会经济影响，在一定程度上，未来社会人们只能通过网络信息和通信工具来认识对方。正如维纳所料，现代信息技术的发展已经呈现出一种强烈的扩张特性。从20世纪60年代开始，半导体的价格迅速下降，而半导体的集成度符合著名的摩尔定律——每年翻一番。然而从20世纪90年代开始，网络急速扩张并不断向社会经济各个领域广泛渗透，"计算机网络的价值等于其节点数的平方"，此

---

① 卞瑞鹤，赵润泽.数字赋能，智慧乡村更美好[J].农村·农业·农民（A版），2021（6）：4-7.

② 王裴.园林景观工程数字技术应用[M].长春：吉林美术出版社，2018：49-56.

类法则也被越来越多的专家所接受。

其次，技术属性是现代信息技术过程的产物，如声光电转换、大数据、云空间等，这些技术过程是客观、准确的。有关技术专家指出，直到今天，因特网、阿帕网所研究的五大技术和贡献依然在发挥着作用。

最后，技术属性是技术的自然结果的必然体现。许多人曾在 20 世纪 70 年代的阿帕网时代预言过互联网的衰败和消失。然而，互联网已经成为全球各国全力扩建规模、专家学者争相研究的对象。

2.社会属性

数字化的存在是社会性的存在，数字化所具备的与社会环境相匹配的特性称为社会属性，它需要经历社会和市场的磨合，在一次次的调整中使互联网成为社会技术。数字化的社会属性在不同的社会条件下，其表现形式各有不同，主要表现为以下三个方面。

第一，目的性。数字化是一种新形式的交流媒介，网络数字化的目的是使之成为一种快捷的、跨时空的交流手段。这个过程类似于通过学习和劳动使猿变为人，人类又通过实践探索出可以减轻劳动强度的生产工具，这个过程即为技术获得社会属性。

第二，社会后果。例如，原子能技术不仅可以造福人类，也可以造出杀人武器——原子弹。数字化的社会后果是双刃剑。但总体而言，数字化的社会后果是可以被我们合理把握的，它的作用于对社会进步而言是正面的。

第三，因素制约。任何一种新技术的出现和发展路径都是多重的，但是无论如何发展都会被各种社会因素所制约。恩格斯谈道："科学的发生和发展一开始就是由生产决定的。"

二、数字乡村旅游的系统内涵

（一）数字乡村旅游的概念

互联网的浪潮席卷了世界，而旅游活动作为人们生活方式的延伸，必然也会因为信息技术发生革命性的变化。数字经济时代的到来也使得各行各业转型发展，而数字化、智能化、智慧化为乡村旅游赋予了新的内涵，也为乡村旅游规划提供了新思路。虽然迄今为止，学者们还没有清晰的界定和成体系的理论成果，需要我们用更多的实践、更新的视角、更多的交叉学科理论来夯实其内涵。

信息科学与技术中的计算机技术、信息加工、网络通信、人工智能、控制理论与工程等研究成果在乡村旅游产业中有着广泛的应用。数字乡村旅游便是旅游业与信息科技、信息技术结合发展的产物，是旅游、文化、科技相互交叉融合的结果。本书认为，所谓数字乡村旅游就是乡村旅游的信息化、数字化和智能化，通过乡村旅游平台的信息化集成、乡村旅游资源的数字化呈现、乡村旅游基础设施的智能化升级，来提升乡村旅游服务水平，改善乡村旅游产品体验，提高旅游效率，从而形成开放共享的乡村旅游数字化市场，构建保障乡村旅游数据安全的乡村旅游体系，实现乡村旅游管理数据化、乡村旅游服务个性化、乡村旅游景点智能化、乡村旅游安全可视化等创新管理模式。

（二）数字乡村旅游的内涵

1. 推动旅游经济发展

在旅游智慧化迅速发展的时代，提出数字化乡村旅游是顺应时代要求的。它是数字技术与地方乡村旅游合作融合的新形态，其发展理念和方式不同于传统旅游，也正是这种全新的旅游发展理念，为地方板块之间的旅游合作指明了方向。数字乡村旅游是以大数据、物联网、云计算等为核心，突破区域限制，合理利用高科技的信息处理技术、智能数据挖掘技术，在乡村旅游的景区热度、交通流线、游客行为各个方面整合信息和处理数据。区域旅游合作的指导思想可以在数字乡村旅游的理念中得以体现。这是旅游信息大数据与区域旅游合作耦合所促成的，而这种理念的革新可以促进乡村旅游经济不断发展。

2. 促进旅游精准化管理

数字乡村旅游发展对景区精准管理发挥着越来越重要的作用。通过大数据的分析，未来可以实时反映或预测想去的景点是否会拥挤并对需求人群进行预警。对于游客的咨询服务所产生的信息都可以被采集，并通过对信息的整合分析不断优化提高景区的服务水平。具体来说，可以利用爬虫技术收集和聚合 OTA、垂直网站上游客对景区的评价，提取评价中和旅游相关的要素，根据相应的规则，将这些评论归到相应的分组中，进而进行评价的正负面判断，通过这些数据的分析，为景区提供提高服务水平的参考。例如，为避免某乡村景点车辆拥堵和人流超负荷，游客集散系统可以通过智能化的交通调度进行处理；为促进旅游业的整体发展，管理系统可以智能化地掌握游客的聚集地和消费习惯，促进其多次消费。

3.旅游深度体验的创新点

高科技也能为乡村旅游景区带来不同的体验。在到达景区之前，越来越多的游客会通过网络提前了解旅游地的相关资料和环境。研究数据表明，将来可能超过78%的游客希望能通过虚拟现实技术体验后，再做决定，确定去不去该旅游地，时下流行称之为"云"旅游、"云"逛博物馆。虚拟现实技术受到广泛关注后，旅游公司都花费大量资金挖掘该技术的潜能，并将其应用到旅游业实际发展中。目前，许多乡村旅游地区的民宿经营者都已与增强现实技术签订合作协议。这种互动体验的新技术可以给游客带来沉浸式的体验，为游客创造了身临其境的深度体验，可以为推动乡村旅游业的发展做出巨大贡献。

（三）数字乡村旅游的服务对象

数字乡村旅游主要包括三个方面：电子商务、规划与管理信息系统、服务系统。根据数字乡村旅游的网络化属性，可以定义为它是一个为旅游消费者、旅游产品提供者、旅游管理部门服务的一种信息系统。第二层含义，数字技术作用于乡村旅游规划，提供决策依据。数字乡村旅游可以为政府主管部门提供现代化的信息管理和数字通信技术，提高工作效率；为旅游企业提供及时的旅游信息和旅游资讯，提供形象展示和产品销售等功能，为企业在市场营销、路线设计等方面提供技术上的支持；为旅游者在旅游的过程中提供与旅游有关的各种信息，包括吃、住、行、游、娱、购等方面的综合性内容。

第二节 数字化的发展历程

一、萌芽阶段——20世纪50年代

20世纪50年代是数字化发展的萌芽阶段。这一阶段主要使用的是英文符号和数字结合的表达，使用的技术是ASCII（American Standard Code for

Information Interchange，简称 ASCII）码，它规定用 8 个"比特"来表示所有的数字、大小写英文字符、标点符号和其他常用符号，表达 256 种不同的信息，也被称为"用于信息交换的美国标准代码"。在此期间，专家采用类似的技术来记录声音和颜色。数字计算的时代在 ASCII 码出现时就此来临。利用计算机，科学家和有关技术人员可以进行大型的数字计算、发射导弹、预测天气等过去技术无法实现的事情。美国为进行弹道计算才设计了第一台计算机，而 20 世纪 50 年代美国制成第一台计算机成为这一阶段的标志。但在这个萌芽阶段，数字化的影响仅仅局限于科学技术领域，即使在科技较为发达的国家，也只有少数处于顶尖领域的科技工作人员才能接触并使用到计算机。在 20 世纪 50 年代前，电影技术仅仅是数字化技术的原始形态。早在 20 世纪 50 年代中期，美国就开始了数字化的研究与实践运用，那时数字式计算机还没有被普及。美国的莫顿·海利希创造性地利用振动把手及座位，让观众经历了一次身临其境的虚拟仿真旅行。虚拟现实技术利用电影技术为观众提供了任何地点的想象之旅。当观众在改变速度时、地形发生变化时，环境也会随之发生改变。为了刺激体验者的五感，增强现实感，还会释放电影中花朵的香味、喷泉的水花。

二、起步阶段——20 世纪六七十年代

伊万·萨瑟兰（Ivan Edward Sutherland）在 1963 年发表了博士论文《速写板：人机图形通信系统》，其核心要点为数字化技术在图形学领域奠定了基础。1965 年，他在一场有关计算机图形处理的研讨会上，做了一篇题为"终极显示"的报告，首次提出了利用头盔显示装置来观看计算机所产生的图像，即计算机的屏幕就是虚拟现实技术的窗口，标志着数字化初步实现的基本方案。这篇论文也被公认为数字化的里程碑。当这枚"三维头盔显示器"被推出时，也为日后数字化的发展打下了坚实基础。之后美国军事组织出资赞助了他新研发的"终极显示"。人机交互技术也被用于航天航空上。20 世纪 70 年代，著名数字专家克鲁格（Kluge）博士创造出世界上第一个数字化系统。

三、蓬勃发展阶段——20 世纪八九十年代

数字化开始步入文字处理阶段是在 20 世纪八九十年代，此时人们开始

认识到计算机真正的作用，改变了过去对其的刻板印象。这种"新事物"不仅可以处理数字，还可以处理字符、文字。在此之后，计算机技术开始应用于商业，改变了过去使用对象的局限性，扩大了使用范围，由此改变了人们认识自然和社会的方式。直到轰动了科学界、工业界的飞机场和军事界的虚拟环境被美国加州大学迈克尔·麦格里威（Michael Megreevey）博士创造并获得成功，数字化技术的实际意义也被专业人士所认可。20 世纪 90 年代出现了用于交互游戏中的商业数字系统。数字化开始逐渐应用到教育、医疗领域。与此同时，数字化技术也开始以其巨大的商业功能向各个行业多方位渗透。在这个时期，计算机开始能够处理声音、颜色、图形和图像。处理技术的升级使计算机得到了广泛认可，它使得计算机开始真正进入寻常百姓家，影响人们的工作、生活、休闲和娱乐。

从数字化的历史发展过程来看，数字化目前已经步入了虚拟化阶段。由于网络和多媒体技术的蓬勃发展，虚拟化发展速度也在加快。虚拟化的核心特征之一是数字化，各类技术符号几乎可以将所有社会现实存在物虚拟化，这是目前为止数字化的发展高潮。总而言之，数字化通过人机交互的使用方式，形成了一种新的解决问题的途径。

第三节　数字乡村建设的技术基础

一、数字乡村建设的背景条件

现今，现代信息技术发展迅猛，并与农业、工业、服务业契合，极大地改变了人们的生产和生活方式。在乡村建设中广泛地应用信息技术是我国推动乡村发展的主要策略之一。数字化理念为乡村建设发展注入活力和动力，并逐步改变农民的生产劳动方式。党中央确定并实施了"数字乡村战略""互联网＋旅游"等政策，通过这些政策的实际运用保证数字乡村建设和发展的稳步推进。笔者将从以下三个方面来分析、解读数字乡村建设的背景条件。

（一）信息技术的高速发展

追溯人类科学技术的发展和工业革命的历史，前两次工业革命就是用机器解放人类的体力劳动，而第三次工业革命是使用电子计算机和相关技术来辅助和模仿人类的脑力和智力的。对于正在进行中的新工业革命，德国学术界和工业界认为，第四次工业革命是以智能制造为主导，以互联网产业化、产业融合和智能化为代表，同时以人工智能、无人控制技术、虚拟现实、生物技术为主的新技术革命。2015 年 5 月，国务院发布了《中国制造 2025》，计划通过应用新一代信息技术，改变我国产业结构，提高产品成品率，实现工业生产能力的信息化规划，通过新型综合体系，提高工业生产能力，满足市场需求，促进产业升级、消费升级。新一代信息技术产业是在计算机网络技术、微电子工业的基础上开发的，涉及通信行业和软件行业，具有传统的信息技术产业的特点以及时代发展的新特点。

新一代信息技术的特点在于移动网络互联和在生产生活中的深入应用，信息处理更加集中化和客观化，信息服务更加智能化和个性化。新一代信息技术发展的重点不是单一的升级，而是多维度将主流信息技术融入各行各业和人们生活的方方面面。最近几年，我国对信息技术研究和开发的投入巨大，并大力推进数字技术在城乡建设中的应用，在此过程中积极地将数字技术融入农业和农村生产生活领域，建设乡村基础设施，建设数字乡村。追溯数字技术发展历史可知，数字技术的发展是数字乡村建设的基础条件。

（二）乡村振兴战略的实施

农业和农村的发展是国家发展和建设的基石，国家的繁荣与农村的发展息息相关。国家制定并实施了乡村振兴战略，以实现农业、农村全面发展，解决城乡发展不平衡问题，实现农业、农村现代化和"两个一百年"奋斗目标。乡村振兴过程主要分为四步：第一步，到 2020 年，乡村振兴的制度框架和政策体系基本形成；第二步，到 2022 年，乡村振兴的制度框架和政策体系初步健全；第三步，到 2035 年，乡村振兴取得决定性进展，农业、农村现代化基本实现；第四步，到 2050 年，乡村全面振兴，农业强、农村美、农民富全面实现。乡村振兴战略以坚持党管农村、农业农村优先发展、农民主体地位、乡村全面振兴、城乡融合发展、人与自然和谐共生、因地制宜、循序渐进为基本原则。

在社会主义现代化进程中，中国需要建立现代化的经济体系，提高国民经济水平；需要建设美丽中国，优化整体环境；需要继承中华优秀传统文化，为我们的子孙后代留下宝贵遗产；需要创新社会治理，保证每一位公民的安全。为了实现这些目标，必须进行乡村振兴，建设和发展现代化农村。实现乡村振兴任务，推进农业、农村现代化，关键是把科技应用于农业、农村发展。数字系统和智能机械正逐步应用于农业生产，提高了农业生产效率。数字创新与应用深刻影响着乡村振兴战略的实施，加快了农业和农村现代化进程。农民的生活方式也在改变，他们能熟练使用信息产品，如网络和智能设备。现代信息技术在农村中的快速发展，加速了数字乡村的诞生，这与数字技术在农业生产中的广泛应用密不可分。数字乡村作为乡村振兴战略的重要组成部分，包含了乡村振兴战略的详细规划，以发展数字信息农业和农村为目标。因此，实施乡村振兴战略是数字乡村建设的重要背景条件。

（三）数字乡村建设的推进方式

国家在 2018 年印发了《乡村振兴战略规划（2018—2022 年）》。该文件做出了具体提升农业装备信息化水平的政策的相关要求，即"加快主要作物生产全程机械化，提高农机装备智能化水平。加强农业信息化建设，积极推进信息进村入户，鼓励互联网企业建立产销衔接的农业服务平台，加强农业信息监测预警和发布，提高农业综合信息服务水平。大力发展数字农业，实施智慧农业工程和'互联网+'现代农业行动，鼓励对农业生产进行数字化改造，加强农业遥感、物联网应用，提高农业精准化水平。发展智慧气象，提升气象为农服务能力"。该文件多次强调如何提升农业生产的信息化水平、智能化水平，发展智慧农业、建设信息化的农村是乡村振兴战略的重要组成部分。该文件的要求具体可以概括为以下四点：第一，各级政府单位需要深入推进"互联网+农业"，扩大农业互联网示范应用；第二，有关网络建设方需要加快推进本地重要农产品产业链的大数据建设，通过大数据的分析研究最大化地满足居民需求，加强国家数字农业农村系统建设；第三，持续在各个村落内部建设电子商务进农村的综合示范点，规范农产品出村进城工程；第四，有关部门应当依托"互联网+"推动公共服务向农村延伸，全面推进信息进村入户。

2019 年中央一号文件提出，实施数字乡村战略。2019 年中央一号文件在《乡村振兴战略规划（2018—2022 年）》制定的大力发展数字农业、实施智慧农业工程和"互联网+"现代农业行动的基础上提出实施数字乡村战略，并为数字乡村的建设制订了基础目标，即深入推进互联网和物联网的示范应用，在乡村开展电子商务综合示范，构建国家数字农业农村系统，建设大数据产业链，通过互联网将公共服务延伸到乡村。

2019年5月，为了进一步巩固数字化在乡村建设中的实际运用，国家制定了《数字乡村发展战略纲要》。该纲要对数字乡村的建设做出了一系列详细的规划。《数字乡村发展战略纲要》首先指出了我国数字乡村发展的现状与形势，特别是党的十八大以来，党中央持续推进网络事业快速发展，为乡村居民提供了便利的生活环境。该文件还进一步指出，各级政府要加快信息发展，通过分级分区快速建设数字乡村，整体提升农业、农村现代化发展，采用现代技术代替传统劳动方式，优化居民劳动情况，进一步解放乡村生产力，为下一阶段开启城乡融合的局面添砖加瓦。数字乡村发展的基本原则也在《数字乡村发展战略纲要》中提出，即坚持党的领导、坚持全面振兴、坚持城乡融合、坚持改革创新、坚持安全发展、坚持以人民为中心。这次纲要的提出不仅具有理论层次的深化，而且含有实际经验的总结，通过一系列的指导思想和较为完备的基本原则为数字乡村的持续建设打下了坚实基础。

为使地方政府能够更加明确地实施建设工作，《数字乡村发展战略纲要》通过大数据的分析对未来数字乡村建设提出了阶段性目标，包括前期、中期和后期的具体要求，并指出"到本世纪中叶，全面建成数字乡村，助力乡村全面振兴，全面实现农业强、农村美、农民富"。在我国数字乡村发展现状的基础上，根据建设数字乡村的总体要求，《数字乡村发展战略纲要》为数字乡村的建设制订了一系列重点任务目标：第一，加快乡村信息基础设施建设，保障村民的基本生活条件；第二，深化信息惠民服务，同时激发乡村振兴内生动力；第三，强化农业、农村科技创新供给，建设智慧绿色乡村；第四，繁荣发展乡村网络文化，推进乡村治理能力现代化，推动网络扶贫向纵深发展，统筹推动城乡信息化融合发展。《数字乡村发展战略纲要》所制定的任务是在数字乡村建设过程中需要重点完成的目标，其中为助力数字乡村建设的全面展开，制定了加强组织领导、完善政策支持、开展试点示范、强化人才支撑、营造良好氛围的五大保障措施。

目前，在政策和市场的推动下，数字乡村的建设在国内部分地区已经取得可喜的成果。在河北、北京近郊的大兴庄镇，大多数养殖专业户可以熟练使用手机软件来了解饲料价格、各地市场的销售价格，并从手机软件中获取专业提示，适时调节温度、湿度、气压等，最大化地改善养殖动物的生存条件，提高产品生产量；在云南省昆明市近郊，各个村庄内开始打造水果产业数字新基建，成为"云"果产业创新发展新动力。

总而言之，信息技术的高速发展和乡村振兴战略的实际推行作为数字乡村建设的背景条件，为数字乡村的建设提供了包括高科技技术、完善设备以及合适的政策支持，改善了数字乡村的内容，加速了数字乡村建设的速度。

二、数字乡村的内涵及特点

（一）数字乡村的基本内涵

《数字乡村发展战略纲要》指出：数字乡村是伴随网络化、信息化和数字化在农业农村经济社会发展中的应用，以及农民现代信息技能的提高而内生的农业农村现代化发展和转型进程，既是乡村振兴的战略方向，也是建设数字中国的重要内容。但数字乡村的内涵在这些文件中并没有被具体地说明，只是简单地说明了其基础定义。因此，根据文件所提出的定义和第四次工业革命的成果，本书将从学术层面对数字乡村的内涵进行具体阐述和界定。

数字乡村是借助现代信息技术不断促进农业、农村的发展，改善乡村生产和生活等，其中现代信息技术包括大数据、人工智能、5G、智慧气候，为实现数字乡村可将这些技术应用在农业生产的全过程，与此同时还可以将这些技术经过一定程度的提炼优化应用于乡村社会环境的治理等方面。数字乡村不仅可以加速促进农业综合生产能力的提升，而且可以提升居民在乡村的生活质量，从产业的发展和居民生活环境的优化入手，促进农业农村可持续发展。

农业生产和农村生活是数字乡村实际应用的两个主要领域。在农业生产领域，革命性科技成果的应用加速了传统农业向数字农业的转型；在农村生活领域，革命性科技成果则加速了传统农村生活向数字农村治理的转型。这两个领域的应用加速了数字乡村在社会中的发展。数字农业的生产特征主要体现在农业生产的数字化转型、农村数字经济的快速发展、数字网络和乡村旅游的普及。数字农村治理不仅可以通过互联网扶贫，推动农村文化在互联网上传播，促进当地农村文化风俗的繁荣，而且有助于智慧绿色农村建设和农村信息服务，加快数字乡村建设和创新。数字农村依赖于高技术物质资本和高人力资本的投入，受需求和供给不足的制约，其表现为地域性、公共性和长期性。因此，在完全掌握第四次工业革命的新技术、新思想和新业务形式的前提下，数字乡村的建设应与顶层设计相适应，由中央政府和地方政府根据当地的现实分阶段实施行动计划，在供给侧加大对公共数字基础设施建设的投入。在需求层面，要调动互联网企业、涉农企业和高新技术企业的积极性，加强各类新型农业经营者的培训和宣传，提高经营者利用数字化开展农业生产生活的能力，因地制宜建设好数字乡村。数字乡村建设在一定程度上是以第四次工业革命的技术成果为基础的，它需要政府、企业、农民等利益相关者的积极参与，形成系统完善的网络体系和机制，最后才可以成功实现。

（二）数字乡村的主要特点

1.乡村网络高速和安全发展

高速和安全的基础信息网络在乡村深入普及后，农村与城市网络可以获得相同便利的服务。智慧水利、电网、交通等新型基础设施有力支撑各个方向的农业生产和农村居民的生活。

2.网络文化繁荣发展

互联网应当成为宣传中华优秀传统文化的重要阵地之一，农民具有丰富充足的数字文化资源产品，乡村具有可以实现数字化留存和传承的优秀文化资源。

3.数字经济蓬勃发展

智慧农田、智慧牧场、智慧渔场等各式各类的新型农业生产载体成为乡村数字化发展的主流。数字化可以渗透在农业生产经营管理各个环节。在现代农村建设的过程中，工业品下乡和农产品出村进城是发展农村建设的重要渠道，而电商则是其发展的重要渠道之一。

4.数字化治理高效便捷

不断创新村民自治形式，通过互联网做好农村"三务"，包括党务、村务、财务。网上公开各类信息，给予村民充分的自主权力，由此农民自治能力可以得到显著提高，而面向农村的电子政务则可以实现网上办、马上办、少跑快办。

5. 公共服务城乡一体

数字公共服务在农村普及，城市优质教育资源与农村中小学实现对接。"互联网＋医疗卫生"体系在农村广泛应用，民生信息服务不断丰富和完善，社会保障和社会救助体系全面覆盖农村。①

三、数字乡村建设的技术基础

（一）大数据技术

数字经济推动了社会各方面的变革，成为各行各业培育新的竞争优势的关注点。中国互联网协会颁发的《中国互联网发展报告 2019》中的数据显示，2018 年农业数字经济占行业增加值的比例为 7.3%，与 2017 年 6.58% 的增长相比，是一个巨大的进步，农业数字水平逐年提高，表明了我国发展方向的正确性，显示出巨大的发展潜力。大数据是数字经济发展的基础和关键生产要素，是数字经济促进效率提升和经济结构优化的重要起点。数字经济促进产业转型升级，主要体现在大数据与其他产业的融合，从而产生新的经济业态和新模式。乡村振兴战略的合理实施，需要大数据与数字乡村的深度融合，而大数据在其中发挥着推动作用。推进智慧农业生产，促进高效、便捷的农业经营，从而为推进数字乡村战略的实施提供全方位有力支持。

1. 大数据助力数字乡村的基础建设

（1）提高保护乡村生态环境的效率。农村是我国生态环境保护的重点地区。大数据技术可以实现生态资源利用的优化配置，为生态环境防治提供新方法；可以有效改善农村生态环境，为污染防治提供技术支持。第一步，利用大数据推进山河、森林、农田、湖泊、草原等系统治理，根据之前的大数据分析，从生态系统的角度进行多维度设计，加快农村建设，并且在设计过程中要注意因地制宜地选择治理的方式和活动的形式；重视资源的科学配置，合理配置资源是优化治理方式的最佳途径之一；根据农村人居环境建设进度和布局点，实现厕所、农村综合文化服务中心点等重点建设项目的可视化呈现、远程监控和定期审查。第二步，通过大数据技术应用对绿色农业发展和农村环境改善水平进行评价分析，在农村垃圾收集运输和污水处理模式

---

① 王小兵，康春鹏．探索中国特色数字乡村发展道路[J]．中国领导科学，2021（3）：84-89.

中进行重点监测和预警，且对土壤环境和农业面源污染进行重点监测，只有不断优化监测系统的建设，才能在事故发生时尽快发现相关污染源，有效分析造成污染的原因，从而为美丽乡村的建设打下良好的基础，获得村内居民的理解和支持。第三步，应用大数据技术，为农业生态补偿和碳汇农业提供更准确的技术支持，促进农业、农村绿色发展。

（2）拓展文化互动传播方式，加速乡村特色文化建设。乡村风土文明建设是乡村振兴的重要动力之一，体现了乡村振兴的软实力。乡村风土人情和乡村文明需要乡村振兴提供智力支持和精神动力。将大数据技术应用于乡村风土文明建设，是提高农民文化素养的重要途径之一。借助大数据手段建设"在线课堂"，利用大数据创建教学平台，进行科学知识的共享和传播，可以突破知识传播发展的时空限制，在一定程度上实现城乡教育资源共享、缩小城乡教育差距，最终提高农村居民的整体素质。乡村文化记忆的发展和传承可以通过建立一个在线数据库，并借助互联网的传播和存储功能，将与乡村传统文化和人文文化相关的数据存储在数据库中来实现，通过对数据库的研究，可以丰富农民的精神文化生活，通过大数据手段，计算农民的学习偏好，选择合适的方式渗透到农民的生活中，从而提高农民的科学文化素养，激发农村文化的新活力。

（3）推进乡村治理智能化和新模式。乡村治理是国家治理体系的重要组成部分。有效的乡村治理是乡村振兴战略的目标。利用大数据技术对农村事务数据进行收集、分析和预测，挖掘出有用信息，提高问题处理的科学性，提高基层决策的及时性和准确性，提高村民参与治理的积极性和主动性，切实提高农村基层组织治理水平，这就是将大数据融入乡村治理的本质和目的。公开透明的信息传递是完善农村治理的有效手段之一，特别是在基层政府和组织的信息披露中，还存在许多问题，可以通过政府数据平台公开相关的公共信息，加强过程中的社会监督。此外，在反馈方面，有表达民意的渠道和平台。有效乡村治理需要体现在精准、高效地利用大数据构建城乡联动、功能整合、反应灵敏、扁平化高效的综合指挥体系，治理主体统一接入数字运营平台，实现可视化展示、集成管理，为各级农村治理提供科学、高效、准确的决策，服务民生，为应对突发事件提供有力保障。

2. 大数据助推乡村振兴的实践与运作模式

目前，我国一些地方已经建立了乡村大数据平台，并在实践中积累了有益的经验。以云南省为例，其已经实现了数字平台与乡村特产水果的有机融合，在数字乡村建设发展过程中，为我国后续建设树立典范。

以下是昆明市建设数字乡村的具体过程。

第一步，建立数字乡村大数据中心。建立了全面的信息收集平台，并从市、区、镇、村四个层面逐步推进信息收集工作。在昆明市市政府牵头协调下，通过大数据共享平台，实现了果蔬业、包装业、工商、媒体及各类涉农数据的交流与共享；在此基础上，建立了数据共享平台和数据分析平台，并在这两个平台的基础上准确实现了果蔬数据分析应用；针对不同的应用群体，建立了具有自身特点的服务模板，既为各级管理提供决策参考模板，又为果农供应方、采购方提供综合服务信息模板，使二者可以直接对接，省去中间程序，实现共赢。

第二步，加强顶层设计。明确大数据中心建设目标，包括数据管理赋权、数据应用设计赋权、数据资产整体配置；在此基础上，构建数字乡村采集平台、数字乡村 GIS 综合管理平台、决策支持平台、专题分析平台、App 群五个平台进行特色优化；在功能设置上，应设置数据模板、服务目录、资产调查、信息收集、供需对接、数据模型、评估等 11 个模板，共同构建"云"果产业创新发展动力。

第三步，坚持目标导向。昆明市数字乡村大数据中心严格按照目标定位，按照"一企、四强、四促融合"的要求推进数字乡村大数据中心建设，积极推进数据服务、政务服务、便民服务，实现数据资源的开放共享，保障昆明市数字新基建发展，建立农业产业互联网，为云南省 1000 万亩水果基地服务。

3. 大数据助推数字乡村的对策与建议

（1）构建农业综合大数据平台。建立统一的农业大数据平台，可以促进数字乡村战略的实施和农业农村的发展。该平台可对农业相关数据进行统一分类管理，形成综合性的农业大数据平台。大数据平台的建设是发挥大数据助推作用的基础。国家有关主管部门要发挥主导作用，联合相关机构，按照数字乡村战略总要求，建立全国范围内的涉农大数据统一平台。在平台建设的过程中需要注意进行系统模块化设计，打造出数据化的创新体系，并在该体系的建立下构建支撑数字乡村核心业务的信息基础平台，而乡村依靠这个平台为农业大数据的发展注入新的活力。将核心技术进行产业化、个性化，向不同层级的政府和不同需求的大众提供平台接收的可信的信息源，而这个可信的信息源可通过大数据中心平台的一站式服务，加速促进政府的精细管理。在政府的管理下，大数据将更好地服务于农业产业的转型升级。

（2）促进农村信息基础设施建设。完善农村信息基础设施的重点，一是发挥大数据的助推作用。农村信息基础设施的投入成本甚高，可以尝试创新合作模式，尝试地方政府与资本社会的合作，充分发挥市场在资源配置中的决定性作用，提高资金使用效率。在促进政府与各利益相关方的合作时，我们应该以开放的态度看待得失，在基础设施建设过程中，要兼顾大数据运营的公共性和营利性属性，并在此基础上吸引更多的市场资本投资。二是充分发挥大数据产业的先行先试作用，选择和支持一些具有代表性的重点农业大数据示范项目，协调数字经济利益，实现各方共赢。

（3）统一数据规范标准和建立数据共享机制。数据源的标准不同会影响决策依据，从根源上解决问题就必须建立全国统一的农业数据资源标准体系，形成规范统一的数字乡村数据规范标准，从根本上解决数据不能共享的问题。各相关部门信息打通，能够共享统一编制目录清单，形成跨层级、跨地域、跨部门、跨行业的数据共享库；与此同时，要建立绩效问责机制，明确数据共享的尺度、标准和进度，逐步建立和完善农业大数据共享机制。

（二）人工智能（AI）技术

随着大数据、区块链、人工智能等新一代信息技术在各行各业快速落地应用，智慧城市的建设开始步入平缓发展期，若想通过科技手段搅动城市发展存量空间，谋求新的增量空间，需要加大财力和人力投入，这对国家现代化而言是一项严峻的挑战。与其在紧张的资源中寻找不确定性的爆发，不如将目光转移到容易被忽视的市场——乡村，于是，国家开始将战略目光投向乡村，大力推进新农村建设，越来越多致力于人工智能产业的领域开始重视以智能机器人为代表的无人化和自动化在乡村建设中所具备的重要价值和战略意义，并着手布局乡村这片万亿级"蓝海"。

2020 年我国已全面建成小康社会。在这个脱贫攻坚行动中，人工智能也发挥着不可替代的作用。人工智能离乡村越来越近，其所衍生的一系列服务功能向"乡村建设"领域延伸，对于加快推进乡村数字化具有重要意义。

人工智能是指通过计算机模拟或实现的智能，也被称为机器智能，它的目的是以探索智能为根本，模拟人类智能行为，最终制造出能够以类似人类智能的方式做出响应的智能机器。

人工智能在乡村建设中的应用非常广泛，具体表现在以下几个方面。

1. 人工智能助力精准扶贫

20 世纪 80 年代以来，国家开始有计划、有组织、大规模地实施扶贫开发项目。

"精准扶贫"的提出，为我国扶贫工作的开展指明了方向。在扶贫的工作中，我们关注的重点应确定为"扶贫对象准"和"帮助扶贫者能力强"。如今，经过多年的努力，精准扶贫取得了积极成效。与此同时，移动互联网、物联网、大数据、云计算等新技术飞速发展，人工智能浪潮风起云涌，新技术正在深层次助推扶贫工作迈上新台阶，并在现阶段展开如下应用。

（1）使用多维数据动态经过一系列分析找出致贫原因和最优脱贫路径。人工智能和大数据的快速发展为我国实现快速脱贫提供了平台，特别是数据分析规模壮大、分析方式多样、分析时效先前，均优于传统扶贫方式。通过确定扶贫主体，可以对行为主体实施多种方式追踪其贫困信息，精准预测。不仅如此，人工智能和大数据分析还可以对每个建档立卡的贫困人口、贫困村、贫困县进行持续数据统计，根据这些数据确定贫困信息。一旦贫困户有需要，可以及时采取应对措施，并通过贫困户环境信息的整合进行量化分析。由此提出一系列具有针对性、个性化的政策。

（2）利用"互联网＋"提供便捷的消费市场。随着我国经济发展步入正轨，调整产业结构促使经济增长已经成为当前乡村发展的主要方向。在脱贫工作的开展中，扶贫工作者不仅要提高贫困人口脱贫致富的能力，还应当建立"互联网＋"销售体系，通过拓宽村内产品的销售渠道提高村民收入。农村电子商务应当是精准扶贫的重要载体之一。人工智能和大数据的独特优势可以发挥在开拓市场、寻找需求方面，通过多次信息的采集与分析，结合当地优势发挥农村电商的带动作用，并不断根据市场需求调整生产结构，实时更新数据信息，通过建立网上销售渠道、直采直购、直播带货等方式降低交易成本、提高农民收入。

（3）通过"三大改革"建立扶贫数据库，由此推动各地扶贫信息联网，提高扶贫资源的整合及利用效率。其中"三大改革"简述为信息数据化、环境可视化、资源清晰化。利用大数据建立样本，并使用人工智能加以集成融合，重视资源进而打破信息隔离，将成功的扶贫经验分享至扶贫数据库，由此向全国推广。

2. 人工智能助力教育扶贫

除了利用大数据、人工智能技术搭建扶贫信息系统平台，用精确、科学的方式来指导精准扶贫外，扶贫还必须同扶智相结合，从教育着手。只有从根本上解决教育问题，通过提高人均文化水平阻断贫困代际传递，让贫困地区的孩子接受良好教育，才是扶贫工作的首要目的。

例如，百度的"网络扶智计划"汇集了百度公益、百度教育、百度搜索、百度地图、百度AI、百度云等资源，与安徽省、江西省、贵州省黔东南地区、云南省等多地开展合作。其中，"智慧课堂"是根据百度人工智能技术设计的教育平台，拥有百万级的专业知识信息以及海量优质教育资源。通过该平台，教师可免费使用系统内的教学课件，以及百度百科、文库等教育产品的内容资源。此外，它还能辅助教师记录和分析每位学生的学习进程和特征，为师生提供一系列的智能备授课、个性化学习等功能；探索以学生为中心的教学模式，让学生能更快、更好地掌握相关知识。学校还可以通过"智慧课堂"提升校园数据互通、资源多端同步、校园内部资源管理、学习情况智能分析等能力，在提高学校资源利用率的同时，方便校园教师和校园管理者进行资源管理，实现提升教育水平的目的。目前，百度已经向云南省、贵州省黔东南地区等地的贫困学校捐赠了包含软硬件设施和内容资源的"智慧课堂"平台，还开发了AI课程设计，并对贫困地区的教师进行教育培训，致力于提高贫困地区文化教育能力和水平。

3. 人工智能渗透空间规划

2011年，吴华意等人首先提出"空间计算（Spatial Computing）"概念。空间计算是利用空间原则提高分布式计算性能的计算模式。它以空间数据和社会物理现象等为对象，利用空间优化原则，研究地理空间数据分布式计算的原理及大规模模拟的有效分析方法。起初，研究集中在地学、遥感、导航和测绘等学科领域；之后，空间计算经过一系列变革后也融入人文社科领域，帮助我们回答各种各样关于人的行为的问题。通过对空间计算的理解，我们对"位置"的概念有了新的理解，这也极大地改变了我们的生活。例如，我们该如何理解位置信息与自己的关系，如何建立沟通途径并可视化位置信息，如何最佳使用导航功能，等等。空间计算将原来狭义的计算机领域的分布式计算扩展到考虑空间位置分布的计算，即以空间原则主导着科学参数之间的时间与空间交互，可促进空间原理在模拟物理现象中的应用，进一步促进现代科学的进步。空间自相关、非平稳性和边缘效应给空间预测和分析带来了挑战。如何将机器学习和人工智能技术扩展到该领域，解决时空自相关、非平稳性、多相位、多尺度的挑战及挖掘频繁的时空模式等将是研究人员未来研究的重点内容。

（1）超参数空间优化。很多空间分析模型在运行之前，需要人为设定规则或者参数，即使 AlphaGo Zero 这样强大的人工智能高手也是如此。超参数就是在开始学习过程之前设置的参数。通常情况下，需要对超参数进行优化，以提高机器学习的性能和效果。在超参数优化方面，一些方法已经得到研究和应用，如网格搜索、贝叶斯优化、随机搜索、基于梯度的优化等。Deep Mind 从遗传算法获得启发，提出一种新型的超参数调优方法，其性能要比贝叶斯优化好很多，且在各种前沿模型的测试中大大地提升了当前最优的性能。郑敏睿等人首次将超参数优化拓展到空间分析中，提出了"超参数空间优化"的概念和方法，并围绕这个方向进行了神经网络驱动的空间模型的多级分析研究。超参数优化，尤其是空间分析的超参数优化问题，将成为 AISA 的重点研究方向之一。

（2）智能空间规划机器人。在 2010 年《全国国土规划纲要》编制过程中建立了一个具有 272 个图层的国土空间数据库，并在数据库管理系统中添加了部分空间辅助决策的功能。例如，通过一个县级行政区查询 272 个图层的所有信息，依据 272 个图层数据对全国国土空间进行分区，或者通过 10 年全国流动人口和社会经济数据联合位置信息对国土开发进行变化分析，或者对城市群及城市扩展边界进行识别，等等。这种既不是基于局部的分析，也不是基于抽样的分析，而是基于全样本的全域分析或者全样本的时间动态分析，给我们带来了很多新的认识和发现。由于受到计算速度的限制，这样全样本的大数据分析技术在前几年的发展曾受到短暂的影响。目前，一项新的研究——"规划机器人"正在一些研究机构如火如荼地进行。笔者的团队也正在致力于 Demo 的研发，其主要作用就是将人工智能技术运用在城市总体规划、国土空间规划及土地利用规划等工作中，并对规划方案的实时时空模拟与预测进行可视化分析。美国北卡罗来纳州立大学的 Ross Meentemeyer 教授团队也在进行相关的研究。笔者相信这个方向也是 GIS "重生" 的一个重要阵地。

（3）时空预测。随着各类传感器和数据采集技术的发展，各种数据所提供的信息量正在呈爆炸式增长，同时，空间数据的使用者也已经从专业的行业用户向更为广泛的用户群体延伸。因此，仅仅靠传统的空间数据处理方式和空间分析模型已经无法在效率度上满足用户需求。为此，未来 AISA 将会在多维度模型构建、多尺度数据研究等方面深入发展。终极算法的诞生，可能是多种学习方式深度交叉融合的结果。以深度增强学习思想为主线的算法和框架技术将极大地拓展五大机器学习门派的功力，尤其是引入时间变量后的可视化分析，在时空中值、时空信息预报、时空统计、时空剪裁与变换等方向将会有新突破。

（三）5G 技术

随着技术的不断进步和理念的持续创新，移动通信技术从 1G 到 5G 的每一次迭代升级都具有划时代的非凡意义：1G 时代的 "语音即传"、2G 时代的 "短信书写"、3G 环境下的 "图文并茂"、4G 时代的 "视频互联"。同前四代通信网络相比，5G 技术的高速、大容、低耗的显著特征使其刚一诞生就让人类社会在真正意义上跨入了 "万物互联" 时代。全力发展 5G 技术是全球共识，只有这样，才能使数字化国家与智能社会建设得到更加高速的发展。

当前，传统产业与现代技术的跨界融合、互联网与农业的深度融合，为推进农业供给侧结构改革和数字乡村建设提供了新的理论范式和实践路径。想要使数亿农民分享互联网发展的结果，就需要在充分尊重农民的前提下，始终坚持以农村环境的优化、农业效率的提高和农民收入的增长为核心。坚持农民利益的主体地位，加快培育新型农业经营主体，时刻深切关注和期待农民，针对农村经济发展薄弱环节，加快网络信息技术融入数字化农村建设进程，充分发挥网络精准扶贫的重要作用，积极探索多种 "互联网 + 现代农业" 发展模式，使移动新媒体成为农民增收致富的好助手，有效促进农业生产要素和城乡资源的优化配置，从 "赶上时代" "超前时代" 上升，为乡村振兴注入新的活力，进而带动现代农业尽快实现生态转型和智慧升级的跨越式发展。

1.激发乡村振兴新动能，培育新型智慧农业

随着5G技术向下移并逐步延伸渗透到广大农村，美丽乡村建设和智慧农业发展从现代农业入手开始转型升级。为了更好地满足5G时代智慧农业的发展要求，建立空间化、移动化、智能化的新型农村统计信息系统，实施数字乡村战略，通过对数字乡村集体"三资"的有效调控，不断增强农村造血功能；在合理利用移动终端的外部资源能力的基础上，提高农村自我发展能力，从而进一步激发"互联网+现代农业"创新动力、创业潜力和创造活力。

5G技术思维具有核心大数据、智慧共享、普惠共享这三大特点。利用互联网的优势改变传统行业，改变传统观念，进而在一定程度上实现网络资源共享和共同价值创新，最后达到互利共赢的目标。现代农业发展的新趋势的代表是数字乡村的构建。数字乡村为转变农业发展方式提供了一条创新路径。因此，着力将5G技术深入整个农业产业链，打造新型生产方式和新业态，建设生态农业和智慧农村，已成为数字化乡村建设和推进农业智慧的内在要求和重要举措，而且解决了人民日益增长的美好生活需要和不平衡不充分的发展之间的矛盾，这是全面发展的必然要求。

2.重视"三农"信息基础设施建设

实施数字乡村战略的重要物质基础是具有完善的农村信息基础设施。完善的农村信息基础设施是更好地发展数字经济的必由之路。对于大多数的农民来说，"互联网+"可能是一个陌生的概念，但是对于村内的教育设施、医疗设施、交通设施、娱乐设施、政府事务是否及时提供方便、高效的公共服务，农民都认为需要改良。政府相关部门促进农业信息化建设基层，接近群众，改良这类问题刻不容缓。应坚持政府主导、社会参与，以资源共享、整合、协同建设为基本思路，全面建设农村互联网软硬件设施，为农民提供有价值的农业信息资料，促使城乡居民共享互联网经济的最新成果。实施数字乡村战略，农业信息化是国家信息化战略的重要组成部分之一。数字化战略、网络化战略、乡村振兴战略三大主体相结合，才能最大效率地建设数字乡村，助力乡村振兴，促使"宽带中国"战略在农村地区得到深化。这样前所未有的强化信息化进村入户工程的实施，才能成为加强基础信息化的有效保障。

2018年全国两会强调，要持续有效推进乡村振兴。科学把握农村地区差异是关键点，不能一味采取"一刀切"的方法。农村建设要体现农村特

色，在建设过程中实行差异化发展。换言之，在农业信息化建设过程中，政府有关单位应采取"因地制宜"的多元化振兴方式和创新发展模式，充分满足农民多样化、个性化的基本需求。与此同时，各村需要提高宽带的覆盖率和访问速率，从根本上降低关税水平，有效地开拓农村基层治理的"最后一公里"，不断提高农业现代化水平，让农民也享受到5G技术发展的红利。

3.扎实推进农村智慧治理和协同治理

目前，信息化已成为全球发展的战略机遇。乡村振兴战略为新时期乡村治理提出了更高的目标，为发展提供了更广阔的空间。因此，推动5G时代乡村治理的全面转型和智能升级变得十分重要和紧急。在新时代的条件下，互联网正以其令人惊叹的创新力量改变着中国农业、农村的整个社会形态。实施数字乡村战略，就要加快农村网络基础设施建设，努力缩小城乡之间的"数字鸿沟"，实现乡村地区均衡、同步发展。

基于5G技术的互联网思维因其天然的民主特性和固有的共享功能，逐渐打破了地方政府说了算的主导模式，转变为乡村治理进程中"政府引导、市场主体、农民做主"的协同治理运行机制，有助于建立新型乡村治理体系，全面提升乡村治理水平。

第四节　数字乡村旅游的演化逻辑

一、数字旅游的不同发展阶段

（一）"数字地球"与旅游业的融合

"数字地球"产品介绍——Google Earth。Google Earth通过访问外国的航天和卫星图片扩展数据库，整合Google的本地搜索以及驾车指南两项服务，采用地图定位技术，可以在地图上检索所需区域图，放大或缩小卫星图片，然后形成行车路线图。结合卫星图片、地图以及搜索技术，全球地理信息就在眼前。

基于"数字地球"平台的数字旅游系统是建立在分布式服务器集群基础上的，以遥感和全球卫星导航定位系统作为重要的数据支撑，通过收集、整合酒店、餐馆、景区、导游、气象、服务、购物、娱乐等多方面的信息，为游客、商家和管理单位提供新一代的旅游服务信息系统。这个系统主要以"数字地球"理论结合"数字地球"平台（DEP）技术为支撑，建立分布式服务器群落，采用元数据和 XML 方式，以文字、表格、图片、图形、影像、声音、视频等多种形式表现卫星导航定位数据、旅游路线数据、卫星遥感数据、景区和景点数据。经过这个系统的分析、整合，将收集到的酒店、餐馆、商店数据等统一地管理起来，实现数据的有效利用，从而为游客、商家和管理部门提供快速和全面的信息服务。

（二）"3S"技术与旅游业的融合

"3S"技术是全球定位系统（Global Positioning System，GPS）、遥感（Remote Sensing，RS）和地理信息系统（Geographic Information System，GIS）的简称，是空间技术、传感器技术、卫星定位与导航技术和计算机技术、通信技术相结合，多学科高度集成对空间信息进行采集、处理、管理、分析、表达、传播和应用的现代信息技术的总称。三种系统在联合运用中各自扮演着不同的角色：遥感技术负责信息的收集和提取；全球定位系统则对遥感图像及从中提取的信息进行精准定位，赋予其坐标，使其可以和"电子地图"进行结合；地理信息系统对所有的地理信息进行整合。在信息时代的信息总量中，有 85% 的信息是与地理位置有关的地理信息。这些信息相当全面，不仅包括耕地、林地、城镇、楼房等建筑物的分布，还包括海岸、人口、医院、学校、道路、河流、企事业单位、管线、派出所、商店、门牌、电闸、水表、开关等的分布。只要可以用"位置"去描述的东西，都隶属于"地理信息"，而遥感所提取的相关信息也基本上全部包含在地理信息之中。数字旅游对"3S"技术的运用，最终落在旅游过程中对地理信息的掌握和运用上。

1. 全球定位系统（GPS）技术

GPS 在越来越多的领域逐渐取代了传统的光学和电子仪器，它作为一种新型的现代定位方法，为整个人类社会带来了一场巨大的变革。特别是 20 世纪 90 年代以来，现代通信技术通过与卫星定位导航技术的结合，使空间定位技术发生了革命性的变化。从事后处理延伸到实时定位导航，GPS 拥有绝对精确度，从米级、厘米级甚至亚毫米级都可以进行准确定位，大大拓宽了其在各行各业的应用范围和作用。只要你戴上手表或者带上手机，你的活动就自动进入了数字地球仪。

2. 遥感（RS）技术

近年来，航空遥感以其快速机动、高分辨率的特点成为遥感发展的一个重要方面。当代遥感技术的发展主要表现在多传感器、高分辨率和多时相特征上。遥感信息应用分析已经从单一遥感数据向多时相和多数据融合分析、从静态分析向动态分析、从资源环境定性调查向计算机辅助定量自动测绘、从各种现象的表面描述到软件分析和测量探索发展。

3. 地理信息系统（GIS）技术

在技术开发方面，这种发展是基于 Client/Server 结构的开发，即用户可以在终端平台上调用 Server 上的数据和程序。另一个发展是通过互联网开发互联网 GIS（Web GIS）的应用，可以远程搜索各种地理空间数据，包括图形和图像，甚至包括各种地理空间分析。这种发展是通过现代通信技术将 GIS 与信息高速公路进一步结合起来。还有一个发展方向是数据挖掘，即从空间数据库中自动发现知识，通过这些被发现的知识支持自动遥感解译与智能空间分析。

"3S" 技术与传统地面调查方法相结合，可用于自然旅游资源的调查、开发和规划，也可用于部分文化旅游资源的研究，如古都、古代工程与古建筑的调查与评价。

目前，"3S" 技术主要应用于旅游资源调查、评价与开发，旅游规划，旅游资源动态监测与保护，遥感影像旅游地图制作，旅游信息系统设计与开发，虚拟旅游等方面。

（三）信息技术与旅游业的融合

随着计算机技术和通信技术的发展，信息传输的手段发生了极大的变化。在旅游业中，人们对各种业务和信息的需求也越来越高，要求服务的种类越来越多样化，同时对语音、影像等多媒体业务的需求迅速上升，这就要求旅游业中的网络建设向宽带化、智能化和综合化方向发展。同时，电子技术的数字化，使得数字式信号、数字电路显得越来越重要，数字信号处理技术日趋完善成熟，这对于满足数字旅游发展的智能化要求具有举足轻重的作用。

信息技术已成为推动旅游业转型改革的重要手段、工具、载体和动力。以信息技术为核心的信息产业也在推动和整合旅游业。信息产业与旅游产业的融合属于信息产业的渗透融合，即与传统产业的融合。

信息产业的渗透与融合体现在信息技术的创新、扩散、发展与融合中，推动着传统产业的变革与创新。因此，旅游产业与信息产业的融合过程主要是信息产业通过信息技术推动旅游产业的融合。信息技术的渗透性、驱动性、多元化、网络化、系统性等特点，促进了信息产业的融合发展，带动了传统产业的发展。信息技术的渗透性表明，信息技术可以被广泛应用并具有很强的兼容性，信息产业要与传统产业相结合，带动性使信息产业更多地融合在主导产业中，双重性的特点使信息产业以低成本扩张，迅速发展新业务和新市场，加快趋同。在此基础上，可以将创新技术应用于旅游产业链的某一环节，从而实现该环节的创新。共性技术应用的广度和深度影响着旅游产业创新的强度，旅游产业对信息技术的吸收能力和与信息技术的关联程度也影响着产业间的技术融合程度。

信息技术整合到旅游产业链的不同环节，导致不同的功能创新。关于旅游资源开发，实现了智能终端技术在数字导航、电子地图、方位识别等方面的应用，旅游资源虚拟化的出现实现了物联网技术在电子客票、旅游卡、景区资源管理的普及化等方面的应用，而其他的应用使得旅游资源的开发更具创意和吸引力，景区管理更加高效和方便。在旅游产品的生产中，有基于信息技术的电子导游系统、远程会议系统、酒店智能化管理系统等。同时，由于新技术的快速发展，旅游业中形成了新的经营形式，如互联网技术的发展和个人计算机的普及，产生了"旅游电子商务"的新型旅游形式，使旅游产品销售方式变得更加多元化，销售也变得更加方便、快捷，一定程度上改变了旅游企业内部组织结构，解决了原有部门职位分工混乱的问题。

（四）大数据技术与旅游业的融合

近年来，随着智慧旅游基础设施的不断完善以及智能手机的逐渐普及，旅游数据呈几何级增长，并涵盖了互联网搜索、银行卡交易、手机活动记录、社交网络、气象数据等众多领域的信息。数据挖掘（Data Mining）技术作为智慧旅游的核心，能够合理利用现有信息，从海量数据库中找出隐藏的重要知识，发现数据中存在的关系与规则，为旅游管理决策者（如政府、协会等）、运营团体（如旅行社、景区、交通部门、咨询规划公司等）和游客（如散客、团体、自驾游游客、自由行游客等）提供更为全面、准确的一手数据资料。比如，基于位置服务（LBS）定位及手机信号定位，获取景区及重点区域内的游客人流、车流密度的实时监测数据；也可以通过网络文本数据挖掘不同用户的属性信息及用户兴趣偏好等数据，分析旅游流的结构特征，并指导旅游目的地的路线规划与精准营销。大数据挖掘技术的发展，给旅游的研究方法创新提供了新的思路，辅助研究者从不同区域的各个层面对旅游展开深入、细致的研究。

二、数字乡村旅游的重要意义

（一）数字乡村旅游丰富旅游基础理论体系

数字乡村旅游的研究与应用，为旅游学科的发展提供了导向，促进了多学科的交叉，如社会学、经济学、统计学等，其综合运用伴随旅游行业发展步伐的抽象化理论体系，促进理论上的科学决策创新。在行业发展中，旅游新业态的模式创新为旅游业发展创造红利，得以有扩大化、融合度高的新发展方向和潜能。同时，国家数字乡村旅游政策的制定，为旅游业发展提供了科学支持、资源共享和跨区域的战略整合。

（二）数字乡村旅游促进旅游产业升级

旅游业正经历着由规模到效益、由数量到质量、由粗放到精细的产业提升阶段，加快信息产业与旅游业的融合，创新营销技术，优化管理手段，拓展发展理念，以推动旅游业的转型升级。旅游数字化已成为保证旅游业可持续发展的重要支持力量。当前旅游信息化发展的主要趋势是，充分利用现有资源和网络平台技术，加强整合分散的应用系统和信息资源，突破旅游资源利用和共享的障碍，提升旅游业务、产品数字化管理和网络化服务水平。数字乡村旅游是基于信息技术的旅游经营管理和服务集成体系，以云计算、物联网、地理信息等技术为支撑，通过智能手机、计算机、触摸屏等各类体验终端，为旅游活动全过程、旅游经营全流程和旅游产业全链条的全面数字化应用，整合集旅游目的地"吃、住、行、游、娱、购"以及和旅游相关的各类咨询和服务于一体，提供"各取所需"的服务。①

---

① 张德平.基于数字媒体的美丽乡村旅游产业发展研究 [J].内蒙古财经大学学报，2020，18（5）：125-127.

旅游与文化关系密切，一方面，旅游在文化自信、文化传承、文化"走出去"等方面具有突出的作用；另一方面，随着消费水平的不断提升，大众对旅游的期待与需求也发生了显著变化，文化因素正在成为影响消费者旅行决策的关键点，特别是文旅产业发展到目前已经形成了很强的市场效益。通过科技与文化的结合促进企业加快对旅游资源的深度开发，打造新型的旅游文化产品与创意产品，进一步扩大旅游资源的综合效益。

（三）数字乡村旅游实现旅游区域一体化

商业深度数据化在旅游业中表现得日益明显。服务产品生产和消费的一致性特征，使得交易双方对信息和数据的互联互通要求更为突出，这种服务与数据的天然契合为全域旅游的发展提供了数据化、信息化的基础条件。携程、途家、马蜂窝、妙计旅行等旅游新业态正是以数据技术和互联网为基础、以需求为导向的旅游产业创新结果。旅游行政主管部门较早就关注到了数字经济，2015年印发了《关于促进数字旅游发展的指导意见》，同时成立国家旅游局数据中心，推动旅游统计与数据体系改革发展。发展数字乡村旅游可以借助广泛的数据应用让游客与旅游目的地之间的界限逐渐变得模糊，促进数据信息的共享与融合。通过大数据集群构建旅游大数据中心，定制开发适应业务需要的数据采集系统、数据交换系统、数据分析系统、数据存储系统、数据管理系统，建立省、市、县多级联动的一体化数据平台。同时，基于旅游大数据业务的积累，形成了一套旅游基础数据标准规范，为地区全域旅游的发展突破区域间、行业间、部门间的信息障碍提供支撑。

（四）数字乡村旅游创新旅游新模式

在行业发展中，旅游新业态的模式创新为旅游业发展创造红利，使其得以有扩大化、深入性的新发展方向和潜能。同时，国家数字乡村旅游政策的制定，为旅游业发展提供了科学决策支持，不断培育旅游新业态，促进旅游发展模式的持续创新。

对国家政府来说，数字乡村旅游提供了更好的统筹布局方法，保证了宏观调控和管理的实现；对旅游公司来说，数字乡村旅游使公司获得大量翔实的一线数据，完善了产品的用户体验，促进了产业的转型升级和产业链完善，提升了行业竞争力；而对游客来说，数字乡村旅游便捷的出行体验和舒适、个性化的旅游设计是最好的选择。

三、数字乡村旅游的发展趋势

随着信息技术的高速发展，21世纪旅游业发展的必然趋势是数字乡村旅游。当前，数字乡村旅游的建设刻不容缓，其产业表现出智能数据化、科技体验化、资源网络化、海量信息化四个发展趋势。

（一）智能数据化

美国《自然》杂志2008年推出的名为"大数据"的专刊，创造了"大数据"的概念。2009年，大数据的理念逐渐深入人心，受到广大学者和专家的关注。随着互联网、云计算、物联网移动信息终端等信息科学的迅速发展，大数据也成了乡村旅游业关注的新焦点。GIS也可以推动乡村旅游业的发展。GIS技术作用于乡村旅游研究，同时也深化了GIS的应用研究。两者的融合为乡村旅游的发展提供了互补性和包容性。另外，GPS、RS等领域的发展也将对乡村旅游地理信息系统的发展产生直接或间接的影响。这些领域的重要成果将有效推动乡村旅游地理信息系统的全面发展。

数字乡村旅游的功能之一就是服务游客，向游客介绍旅游目的地的地理位置、自然特征、社会经济状况、历史文化概况、旅游发展现状、存在的问题、比较优势、旅游资源分布等，还必须实现海量用户条件下的并行运行，支持旅游路线的快速检索和查询，实现景点和服务设施信息的在线查询，利用GIS提供的功能，可以实现对游客到乡村旅游路线的行为跟踪。依托乡村现有宽带网络硬件平台和未来建设的乡村旅游信息系统，就能够吸引潜在游客。

游客只要进入目的地，就可以得到一条清晰的旅游路线，了解每个景区的特点、历史和发展状况，地方特色旅游商品及其价格，旅游过程中的注意事项，等等。数字乡村旅游还可以为游客提供乡村旅游政策法规，旅行社、酒店、机票甚至景区门票查询预订服务，以及便捷的在线旅游投诉服务，为游客提供"吃、住、行、游、娱、购"的一站式服务。

对于旅游管理者而言，数字乡村旅游的服务功能主要表现在与在线客户的关系管理和业务核算、授权旅游投诉和反馈、主要景点的实时监控等在线交流中。利用GIS功能深入组织乡村风景名胜区旅游地理信息，结合风景名胜区、旅游路线的特点，以风景名胜区客流、关键客流、服务设施条件、交通等旅游信息为层次，利用数据库技术对各层的相关信息数据进行管理、查询和显示。对各类乡村旅游经济数据进行分析统计，统计结果可直观输出，并以表格和专题图的形式展示。为旅游管理者提供真实可靠的基础数据，建立实时监控数据库，进一步建立景区客流分布模型和紧急情况模型。对客流转移进行模拟分析，为旅游经营者提供决策依据，实现对各景区的动态监控。此外，还可以综合考虑资源配置、市场潜力、交通条件、地形特征、环境影响等因素，确定潜在市场的分布、销售和服务范围，寻找商业区域分布规律、时空变化趋势及轨迹等。

对于乡村旅游规划者和研究者来说，数字乡村旅游的服务功能主要体现在乡村旅游空间数据的应用上。由于数字乡村旅游空间数据库是利用遥感等空间信息技术获取的乡村全域的自然资源信息，能够广泛地进行区域分析，特别适合于地理分布广泛的地标性事物的研究，根据多波段遥感信息的差异，识别不同类型的乡村旅游资源，可以分别分析和评价各种乡村旅游资源的数量、质量和分布特征，在交通堵塞、不便利的地区也可以达到理想效果，这对于大规模的乡村旅游规划具有绝对的优势。在乡村旅游空间布局阶段，在分析旅游区现状的基础上，进行景区功能区划，确定各功能区实施的旅游项目、旅游路线布局和旅游服务设施配置。在设计旅游产品时，应充分考虑区位、环境、文化等因素，根据不同的地域、时段、人文环境、自然环境，针对每个村庄的特点、优势和弱项，设计各具特色的乡村旅游空间。

在如今大数据时代的背景下，海量、高增长率和多样化的信息资产使数字乡村旅游可以为消费者提供更加实用、准确、个性的乡村旅游信息。对目的地的民宿、特色小镇、特色旅游产品进行信息整合，使旅游运营商能够根据现有数据库，在规划布局时参考游客的个人兴趣、出行性质、出行时间、消费水平，自动模拟规划推荐最佳乡村旅游路线，宣传成"网红"路线，提升人气，吸引游客；同时实现动态展示和虚拟乡村旅游效果，还可以根据游客的喜好为他们定制特色路线。

随着乡村旅游行业在移动设备上的大力投入，大数据技术得到了极大的应用。现在，用户只需直接在移动设备上输入旅游目的地，便可以自主选择旅游活动、出行方式，同时还可以查找天气信息、他人分享的旅游攻略。像携程网拥有庞大的后台数据，使用户能迅速、准确地查询到目的地机票、酒店、门票等信息；马蜂窝网拥有海量的游玩攻略、游玩信息的分享，是用户在选取目的地或制订行程计划时参考的首选。随着信息获取技术、信息分析技术的再升级，未来用户只需在移动设备上输入几个关键词，系统便可以通过后台收集到的信息，生成用户喜好，然后根据用户喜好自动生成包括机票、酒店、出游时间、出游地点、出行方式等在内的一份完整行程。用户不再需要自己挑选机票、酒店、搜索攻略、制订计划，行程的确定完全交由大数据搜索、挑选并实现私人定制，真正意义上实现数字乡村旅游带来的智能化。

凭借当代大数据分析技术的成熟，旅游企业可以对用户进行精准画像，依靠数据收集和技术工具，实现统一的人群数据管理。互联网企业平台普遍通过推送与其喜好相关的资讯来提升用户体验，进而提高用户的忠诚度，保持较高的用户黏性。

（二）科技体验化

数字乡村旅游不仅仅是一个独立的新兴产业，它是以信息通信技术为基础，以数字技术为支撑，与传统旅游相结合，融合旅游业、信息产业、文化产业、装备制造业等多种产业而形成的新型旅游产业。数字乡村旅游系统需要软件、硬件和技术的相互支持。之前，我们可以将数字乡村旅游系统看作信息技术服务系统；现在，它是一种新形式的旅游系统。

此外，乡村旅游信息的表现形式也更加多样化，除了用较为传统的文字和图片传达旅游信息，音频、视频等方式也越来越受到游客的欢迎，但更多的是通过图文影音的综合运用来表现乡村旅游信息，特别是虚拟现实技术、增强现实技术和全息投影技术的发展，极大地推动了乡村旅游信息的传播和数字乡村旅游的发展。

简而言之，数字乡村旅游的另一趋势是依靠现代电子技术和设备的辅助，在真实世界、虚拟世界或"虚拟＋真实"世界里的一种体验型旅游形式，让游客在这种形式下体验数字乡村旅游的科技感。

1.增强现实技术

增强现实（Augmented Reality，简称 AR）技术可以将虚拟空间与现实空间结合起来，使游客通过手机很便捷地获得虚拟信息。将虚拟信息叠加到真实的自然环境中，增强数字乡村旅游的交互性、故事性和趣味性。游客可以借助增强现实技术，获得现实中不曾出现的叙事性及故事性信息，从而了解真实空间中潜在的深层意义。同时，增强现实技术还能够为游客提供无限的交互可能性，使游客在环境中可以与自然进行多种方式的交互。

2. 虚拟现实技术

虚拟现实（Virtual Reality，简称 VR）技术是一种通过全景拍摄动态三维动画，让观看者依靠一定的外接设备，能够身临其境地感受到虚拟环境的沉浸式体验技术。游客通过配套的穿戴式设备，不仅可以全方位地看到周围的虚拟环境，而且可以在虚拟环境中游走、互动，仿佛将游客完全带入虚拟环境当中。虚拟现实的沉浸感来自本体与真实环境的完全割裂。游客沉浸在虚拟现实中的同时，扮演着虚拟现实空间中的虚拟本体，既可以克服真实世界中苛刻的自然条件，又可以打破人自身的生理、物理局限，使游客在虚拟世界中有更大的自主性、灵活性，较传统旅游形式而言，其趣味性大幅提升。

3. 全息投影技术

全息投影技术（Front-projected Holographic Display）也称虚拟成像技术，是主要利用干涉和衍射的原理记录并再现物体三维影像的技术。全息投影是一种裸眼 3D 技术，观众无须佩戴眼镜即可看到人或者物的立体影像。不仅可以产生立体的空中幻象，还可以使幻象与游客产生互动，这种交互式体验既有旅游导航的功能，又能起到传播民族文化的作用。比如，在机场、火车站等游客的进出口处，使用 3D 全息导航装置可快捷、有效地为游客提供购票、交通、导航等帮助信息；在人群密集的景点、景区，使用全息投影进行讲解介绍，使游客在各个角度都可清楚地了解景点的历史、文化背景，有效避免拥挤、踩踏等意外事件的发生；在传统工艺展示区也可以使用这项技术，老手艺人、艺术家不能长时间地为游客展示令人惊叹的技艺，可以事先录下视频，制作成全息投影放入展区展示，凭借全息投影空间成像特性，不仅使游客充分了解到工艺品的制作过程，而且强烈的科技感更能给游客带来愉悦感。

（三）资源网络化

在信息化时代，信息产生价值，学科交叉和产业融合已经是学界和商界另辟蹊径研究的方式，也就是所谓的"跨界"。信息科技在旅游产业得到了最为广泛的应用和探索，数字乡村旅游同样也是一种新业态和发展新动力。

数字乡村旅游使整个旅游产业智能化，通过互联网、物联网等将线上线下资源互联网化，从而实现数字乡村旅游的网络化过程，并具有以下四点功能。

1. 资源整合

资源整合主要是促进沿线不同区域的资源整合，包括景观资源、管理资源、科研资源、金融资源、交通资源等，通过在线合作协议，形成在线要素整合和配置。

2. 提升管理水平

提升管理水平主要是指提高目的地政府、景区、企业和旅游中介机构的管理水平。现代旅游管理系统软件可以在网上传播理念、规范流程。运营管理经验作为一种信息资源，具有非物质性、超时空性和共享性的基本特征。这种先进的理念和模式可以通过在线共享进行推广。

3. 催化新产品

催化新产品的目的主要是产品开发。旅游资源的数字化、可视化展示，使我们可以在巨大的信息空间中连接投资市场、消费市场，催化新产品的开发和挖掘潜在的旅游市场。

4. 拓宽市场功能

拓宽市场功能主要是指拓宽网络营销和市场开发的功能。目前，人们的旅游决策主要是线上搜寻模式。数字乡村旅游不仅能为旅游业提供前所未有的广阔市场空间，还能为旅游者提供多方位信息服务。数字乡村旅游系统将成为乡村旅游开发市场和营销宣传的有力工具。

数字乡村旅游是乡村旅游信息化的系统工程，涉及乡村旅游的各个方面。信息技术可以收集和整合各地各部门的数字资源，实现资源的共享、发布和利用，创造良好的信息流通环境，消除"信息鸿沟"，打破信息闭塞的局面，使旅游业各要素协调配合，充分发挥各自优势，提高产业效率和资源利用率，促进旅游业发展。

数字乡村旅游的信息网络化使目的地、民宿、交通公司等平台类企业、批发商、零售商、电商平台、电视等其他媒体与用户有机地结合在一起，形成集景区、游客、旅游企业乃至政府部门于一体的资源网络体系，并方便每个组成要素从网络系统获取相关信息。旅游企业可以利用先进的信息采集模式和流程，建立和完善乡村旅游静态资源数据库和动态资源数据库；结合移动品牌技术优势，构建数字乡村旅游信息平台，整合乡村旅游资源，为乡村旅游加速发展提供更大动力。

据统计，互联网用户在使用在线旅游平台网站或 App 时，仅不到 30% 的用户明确知道预订什么，大部分用户会在多个旅游平台搜索相关攻略内容，64.8% 的用户认为价格水平是选择航空公司的主要考虑因素，65% 的用户关心住宿的地理位置、价格水平、房间环境。不难看出，拥有丰富旅游资讯的在线旅游平台将更加吸引旅游消费者的关注与使用。此外，产品丰富与否、攻略内容详细程度、操作便捷高效与否、是否提供"一站式"出行服务等，也是用户选择在线旅游平台的重要影响因素。

（四）海量信息化

1. 拓宽信息来源与传播渠道

乡村旅游信息的来源和渠道是多样化的。传统旅游市场大多从旅行社获取旅游信息，或由旅游目的地的官方机构或具有一定信息实力的游客提供旅游信息。这样，获取信息的成本高、信息量小、主观性强、风险高。一些游客会从去过旅游目的地的同事、朋友那里获得经验信息。随着互联网的快速发展，中国网民数量急剧增加，移动通信技术、智能移动终端设备的发展以及新媒体不断涌现，旅游信息提供商的范围扩大，而游客本身也变得越来越成熟。由于原有的信息渠道再也不能满足人们的需求，更多的旅游者开始从互联网上获取乡村旅游信息，不仅是官方信息，还有从旅游达人的微博、抖音上观看他们的感知体验。

信息技术和通信技术的发展正在革新传统旅游信息的传播模式。信息传播技术与乡村旅游产业的新型结合，使得虚拟旅游 App、博客、微博、微电影、微信公众号等多种新型乡村旅游信息传播方式应运而生，此外，乡村旅游展会、乡村旅游节等线上线下混合模式也越来越受欢迎。

随着物联网技术和电子商务在乡村旅游领域的快速发展，特别是拥有平板电脑等智能终端设备的游客增加，乡村旅游信息需求的移动性明显加强，形成线上线下融合互动的乡村旅游信息传播、虚拟与现实的交织、农耕文化与当代艺术的结合，乡村旅游信息传播渠道更加多元化、高效化。乡村旅游信息传播的环境、模式、内容和渠道都发生了翻天覆地的变化，这将对整个乡村旅游信息格局产生重要的影响。

2. 多方位的信息传播方式

随着手机 App 的出现，新媒体成为现今最为流行的乡村旅游信息传播模式，如抖音、小红书等，它们具有互动性强、传播速度快的特点。在旅途中，我们通过微信朋友圈和微博、抖音，拍视频、照片，撰写乡村旅游体验的文字，分享沿途乡村风景，评价当地风土人情，品尝当地美食，传达乡旅感受。

乡村旅游产品开发者，如旅游公司、开发商、当地政府、当地经营者，会及时根据大数据分析，总结出乡村游客对产品的需求趋势和问题，提高景区服务的质量和品质。这是一种良性循环，需要双方互相配合，保持信息畅通，能够接受民众反馈，完善乡村旅游的传播内容和策略。以前，传播旅游信息的唯一途径便是乡村旅游企业这一渠道，甚至有的地处深山的景区，民众只能看到朋友的几张沿途照片，没有办法获取具体信息，到目的地之后品质如何全靠运气。现在已经转变为乡村旅游目的地、乡村旅游企业、乡村旅游爱好者和乡村旅游要素提供者之间交叉互动的多元化路径。乡村旅游企业、乡村旅游者的参与性和互动性有效提高，在提高的过程中不断地得到和发布信息。传播者与受众之间形成了一种良性的双向互动，能有效地保持公正、公开，并使传、受双方的力量趋于一种平衡状态。

3. 乡村旅游业传播效果提升

随着乡村旅游信息传播者的增加，信息渠道的来源更加多样化，避免了单一信息来源带来的风险和主观性。乡村旅游经营者通过筛选、提炼信息可有效提高信息利用率，辅助提高决策效率。

现在全国各地的旅游乡村在政府、媒体的扶持下，都在努力加大宣传力度，综合运用图片、视频、音频等多种手段，增强乡村旅游吸引力，进行换位思考，更加注重游客所担心考虑的问题，更加生动、直观、全面、及时、准确地传达乡村旅游产品和服务的信息。整合乡村旅游服务、乡村旅游咨询等功能，挖掘乡村旅游资源，为游客提供乡村旅游咨询、乡村旅游产品订购等个性化服务，满足游客需求。乡村旅游信息内容丰富，覆盖面广。游客可通过网络获取详细的乡村旅游信息，规划详细的乡村旅游行程，体验虚拟乡村旅游，享受在线预订服务，分享乡村旅游体验等全过程服务，并可收集景点、民宿、农家院、交通、休闲娱乐、餐饮、气候等乡村旅游相关信息，实现乡村旅游信息的"一站式"获取，方便游客做出乡村旅游决策。

第三章 数字化乡村旅游的空间特征

第一节 数字化乡村旅游的空间特征

依据乡村旅游区的区位特征与客源主体，将我国乡村旅游区（点）划分为城市依托型、景区依托型和交通依托型三种类型。

一、城市依托型

城市依托型乡村旅游是城市—乡镇—乡村相结合的特殊活动空间。游客的活动空间主要在城市近郊。近年来，城乡高速公路和城际铁路的开通使得乡村与城市往来交通联系便捷，使得城市居民纷纷去乡村感受大自然和乡土文化，以农业生产场所及过程和乡村的村容村貌、生活方式、自然环境等为主要旅游吸引物。这种乡村旅游主要为城市来客提供农耕、果园采摘、茶园观光、农产品深加工、传统手工艺制作等体验，满足旅游者身心愉悦的需求，空间上在城市外围呈现较密集分部结构。

（一）空间布局

国内关于城市近郊乡村旅游空间结构的分析中，最受学界关注的成果是吴必虎等人的《中国城市周边乡村旅游地空间结构》。吴必虎等人调研了100个开展旅游业的村落信息，它们分别位于我国69个不同规模城市的近郊，对乡村旅游目的地与一级客源城市之间的距离进行了测量、数据统计，经分析得出以下三个主要结论。

第一，总体上，我国乡村旅游的热度和密集度与它和大中城市周边距离息息相关，即离城市越远，开展旅游业的乡村就越少。84%的旅游目的地集中在离城市中心100千米以内的一级客源地区。

第二，城市近郊乡村旅游地的设置主要由两个密集区组成，最密集区位于距离城市15—30千米处，次密集区位于距离城市60—80千米处。

第三，在两个大中型城市40—70千米处，会有一个明显的乡村旅游低谷带，这是由周边中心地带的干扰而形成的。

（二）发展特征

1.资源特征

（1）层级叠加。城市依托型乡村旅游资源呈现出层级叠加的特征，大致由城市近郊乡村旅游资源带、中等距离特色乡村旅游资源带和远距离生态型乡村旅游资源带三个圈层组成。

①城市近郊乡村旅游资源带，也就是人们俗称的"城乡接合部"，其特点和城市设施一样相对完备，也有错落有序的农村田园风光，呈半乡村半城市景观。这些区域的乡村农业生产资源大多以时令果蔬、花卉、苗木和药材等经济作物和农副产品加工为特色，能够满足游客观光、科普、购物的多重需要，还有适合城市企事业单位搞团建、青少年课外活动的场地类型等，顺应市场的需求种类越来越多，构成了以经济物产资源为主的城乡气息融合的空间。[①]

②中等距离特色乡村旅游资源带离城市稍远，以其独特的乡村风貌吸引游客。例如，湖北广水市的花园村和孝昌县金岭村都是政府打造的新农村示范基地，展现以农民生产劳作和生活场景为主的美丽乡村，将艺术走进乡村，艺术工作室与特色民宿结合，田园风光结合乡村聚落、乡村民俗和人文风貌，体现出人与自然和谐相处以及新一代乡村生活独有的特色景观。这种类型所具有的乡土与艺术融合的文化和生活方式，是乡村旅游发展中资源利用率最高、最常见、成本最低，也是相当有利于乡村经济发展的方式。

③远距离生态型乡村旅游资源带。这种类型具有得天独厚的自然风景优势，它主要依靠的是自然资源，如山川、河流、湖泊、梯田，如云南、湖南湘西、湖北恩施的少数民族特色生活方式，独特乡村文化和生态地理优势共

---

① 郑燕.乡村旅游空间布局研究[J].价值工程，2018，37（29）：22-23.

同构成极具吸引力的乡村旅游资源。

（2）同一圈层的乡村旅游资源差异甚小，本质是相同的。由于中心城市涵盖城郊，在同一圈层中，无论是自然资源还是人文资源，环境都是趋同的，乡村旅游开发的条件也并无差异，呈现出产品特征和资源趋同的现象。

2. 市场特征

中心城市既是旅游客源地又是旅游目的地。中心城市的乡村旅游客源主要来自中心城市主城区的本地居民及外地中心城市来的游客。

（1）本地居民游客市场。中心城市基础设施较好，通常与城郊地区有完善的交通道路网络，即通达的公路和便捷的班车往来，使得游客乘车方便，旅途时间较短，城市居民周末出游也具有便捷的条件。中心城市的本地居民客源辐射半径较大，既包含城市里经济条件较好的人群，也包含普通工薪阶层、退休职工和学生等，特别是以后者居多。旅游方式多以散客和家庭式自驾游、公共交通为主，报旅行团较少；以一日游为主，游客住宿较少，其中周末人流最多，不分淡旺季。由于离城市距离近和交通便捷，游客往往不止去一次，而是随着季节不同多次故地重游。

（2）外地游客市场。中心城市乡村旅游的潜在市场就是外地游客。中心城市作为旅游目的地和集散地，有极好的接待能力。同时，全国各大城市都在显山露水，争创文明城市、花园城市，这是因为旅游城市越优秀，越能吸引外地游客。中心城市的光环效应会辐射到郊区乡村旅游，如杭州郊区的西溪湿地、上海近郊的周庄、武汉的黄陂区清凉寨。中心城市超高的旅游人气优势也会影响郊区乡村旅游人流量，从而促进乡村旅游的发展。初期吸引外地游客的是个别知名度较高、历史悠久的乡村旅游点，现今由于中心城市乡村旅游的蓬勃发展，中心城市游客的溢出已经日益明显。中心城市作为枢纽，将会成为郊区乡村旅游游客的集散地。

3. 产品特征

同其他的旅游产品类型相比，乡村旅游产品有它的复合性。从乡村特点来看，目前乡村旅游的一部分是在城市郊区产生的，呈现出现代化乡村风貌，如农业高科技园区观摩，但大部分乡村旅游产品仍具原生态性。从复合特性的角度来看，乡村旅游产品实现了对农业资源的综合利用，使农业资源向多功能转变。它将农耕活动、自然风光、科技示范、休闲娱乐、生态环境保护相结合，实现第三产业对第一产业的补充，充分体现优势，实现生态效益、经济效益和社会效益的统一，是旅游业与农业实现双赢、齐头并进发展的重要成果。在快速发展的同时，中心城市乡村旅游产品也出现了一些值得注意的问题，主要包括旅游产品趋同化、质量参差不齐，空间分布以点状、轴带状不连续分布的问题。

二、景区依托型

景区依托型乡村旅游的景区位于邻近知名旅游景区（点），且与景区有较好的连通性位置，依托景区（点）的客源及知名度、景观、环境，充分利用当地休闲旅游与乡村旅游类资源，着眼于食、住、行、游、购、娱六要素，采取多种多样的形式，为游客提供具有价格优势、凸显当地特色的产品与服务。

（一）空间布局

景区依托型乡村旅游的景点与依托景区的空间关系，常见的有散点状分布、点—轴状分布、多核心分布及网状分布形式，如图 3-1 所示。

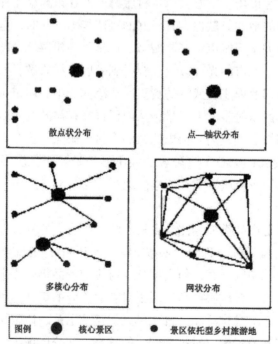

图 3-1　景区依托型乡村旅游的景点与依托景区的空间关系图

1. 散点状分布

以散点状分布的乡村旅游地通常分布在旅游活动区或游客接待区，通常出现在某一地区乡村旅游发展的初始阶段。这种旅游目的地分布方式的形成原因主要有两方面：一方面，现有的风景区旅游支持系统很难满足游客在所有方面的日益增长的需求，如住宿、餐饮刚性需求，当地居民在经济收益的驱动下会自发地提供配套的接待服务，从而形成分散的接待点，并无统一规划；另一方面，当客流量达到一定峰值时，旅游体验的层次化需求更加明显，为了满足游客不同层级的需求，也会促进乡村基建设施的建设，提高旅游接待品质。散点状的乡村旅游点或旅游接待点是景区依托型乡村旅游初期无序发展的产物，可以由当地政府或相关管理部门进行合理规划和引导。

2. 点—轴状分布

点—轴状分布是一种类线性分布形态，它们大多出现在乡村旅游发展的中期。景区依托型乡村旅游迅速发展，都集中在核心景区出入口和交通主干道沿线，逐渐形成以核心景区为"点"、以交通主干道为"轴"的分布形态。

3. 多核心分布

当所依托的核心景区不止一个或逐渐形成了新的核心景区时，在每个核心景区周围会分布一定数量的微景区和旅游配套设施。在这种情况下，核心景区往往形成自己的体系，不仅相互促进发展，也会因为争夺客源的问题相互影响，而这种影响也会随着各个乡村旅游点的特质细分化发展而平稳过渡。

4. 网状分布

当整个区域的旅游景区发展到一定程度时，通过政府或相关部门的统一管理和协调，景区之间的联系更加广泛，信息、人员、游客、资金等因素相互渗透，几个景区逐渐形成一个较大的网状系统。景区以网状形式分布，表明景区依托型乡村旅游已进入成熟阶段，有利于景区依托型乡村旅游的可持续发展（如图3-1）。

（二）发展特征

1. 景区依附性

景区依托型乡村旅游依附于著名景区的边缘，具有非独立性特征。附近乡村依托著名景区的文化而发展，如湖南岳阳楼，其附近的村落规划设计都以古代诗人作品寓意而展开。中国大部分著名景点都被村庄环绕，边缘地区也是中国乡村旅游发展较早的地区。在协助景区保护、提供旅游消费品、建立低品质接待设施的过程中，景区周边农民有着强烈的经营头脑，最早开办农家乐、民宿，逐渐自主发展乡村旅游。

2. 资源互补性

资源的互补性主要体现在两个方面，一是景观资源的差异性。风景名胜区与邻近乡村有相似之处，但因为前者是系统性规划，后者是边运营边开发，最终达到乡村振兴的目的，所以在保留人文景观和自然景观的同时大力发展商业经济。景区依托型乡村有着浓浓的乡土气息和美丽的田园风光，能将民俗文化直观地展现在游客面前，通过开发互补的乡村旅游产品，为游客提供景区所依赖的无法提供的旅游产品，从而丰富和增强游客的旅游体验感。二是客流资源的差异化。吸引大量游客的前提是与生态承载力相一致。景区接待游客的承载力是有限的。当游客数量过高时，周边乡村可以有效地缓解景区压力，这对于乡村而言也是绝佳的促进经济发展的机会。

3. 客源共享性

景区依托型乡村旅游消费群体以景区游客为主，不同于其他类型的乡村旅游目的地。就城郊乡村旅游而言，城郊乡村旅游是发展旅游消费城市的必要条件，其区位优势在于直接面对周边大城市居民周末假期、民俗节日、庆典等客源市场巨大而稳定的需求。郊区乡村旅游的发展至少要以大中型城市为首要客源市场，并要求离城市距离越近越好，开通高速连接城区，设置乡村旅游专线，提供公共交通。依托景区的乡村旅游地与景区是客源共享的。景区周边的客流被视为主要客源市场，周边城市更是潜在市场。因此，景区的旅游旺季也同样是乡村旅游的"春天"。景点和客源市场占有率的特点使得乡村旅游的营销策略一般以景点为营销宣传中心。

4. 地理优势性

地理优势性是指地理位置接近一个实体的优势，给予突出的区位优势。辐射周边景区是由于景区可以利用自身相对良好的交通条件，促进经济发展，而且由于地理位置相近，文化与环境一致，可以更好地依靠农村发挥主导作用。

三、交通依托型

交通依托型乡村旅游区主要沿交通线路和景区之间的主要旅游走廊分布，它们通常靠近主要的火车站、高速公路或其他主要交通道路，交通十分便利，通达性好，主要客源是游客或附近城镇居民。在现代社会，越来越多的人拥有私家车，他们越来越倾向于中长途旅行。基于交通依托的乡村旅游恰好满足了人们远离城市、探索陌生地、寻找诗和远方的心理。目前，我国沿高速公路或主干道分布着特殊的交通依托型乡村旅游景观。

（一）空间布局

1.带状分布

全国特色景观旅游名镇名村多邻近交通线呈带状分布。一是一些特色旅游村镇的地理位置自古以来就是水系贸易系统的交通节点，如杭州、苏州、扬州附近村落。商业贸易的繁荣形成稳定的旅游流，带动交通节点沿线村镇的发展，形成独具特色的商业交通旅游小镇。二是在经济条件相对落后的情况下，乡村离知名景区较远。密集交通线路的可达性大大提高，出行时间短自然会提高游客的出行率，在密集交通线路周围形成旅游飞地和卫星城。这种现象更容易发生在交通设施薄弱的偏远地区，如陇海铁路、连霍高速公路和京藏高速公路的甘肃石川镇附近。交通依托型旅游村寨应根据地带性分布特征，开发自身旅游资源，走好"最后一公里"，提高旅游接待能力，将旅游村镇作为旅游路线上的新特色。

2.点—轴状旅游景点分布

点—轴空间结构概念，指在一定范围内，以景区为点，以点与点之间的交通连接线为轴，将点、轴相连成网状结构，形成区域旅游的点—轴网络化空间结构。传统的旅游景区规划设计以同等级的公路来实现便利交通（见图3-2）。旅游交通轴线可以分为若干等级，而不同等级的旅游交通轴线对经过或穿行的地区会带来不同程度的影响力、吸引力和聚集力。

图3-2　传统旅游公路与旅游产品的服务关系

在现代"旅游＋交通"模式下，旅游产品与交通的融合摒弃了传统的普通公路，转变为现代的、科学的、游览的和生态的有多种功能的复合型交通。合理利用、开发公路沿途的自然风光、奇特地貌，提升交通依托型旅游的品质，使游客在旅行途中可以获得进出自如、慢慢游的旅途感受，实现旅游与交通效益的双重叠加（见图3-3）。旅游中心地需聚集特色旅游资源和地方产业要素形成旅游增长极，拉动旅游消费需求及相关消费增长，而以各级公路为主的旅游交通轴线的关联性将促进相关产业领域的发展，进而由近及远地带动区域经济共同发展。

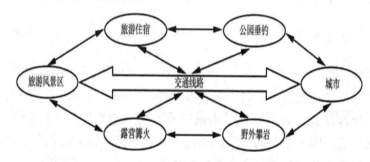

图3-3　现代旅游公路与旅游产品的服务关系

（二）发展特征

1.发展模式

交通依托型乡村旅游既关联道路交通设施，也关联旅游的中心要素，包括特色旅游资源、旅游市场需求、旅游大数据等。基于将旅游业的元素（如旅游资源、旅游服务、旅游市场需求等）转化为新型交通依托型旅游产品的方式方法来思考，交通依托型旅游可归类为功能提升式、景观依托式、交互性发展式三种模式。

（1）功能提升式。它将全面提升游客期望的旅游功能，进行道路交通规划，设置乡村驿站的各种服务功能。这点可以借鉴日本的乡村旅游规划的成功经验，通往村落的道路上都设置了类似高速服务区的驿站，提供各种服务，介绍各村的农产品，是一种改造升级的发展模式。例如，在建设停车场时，可以将场地设在高速公路的两侧，设计道路景观，如雕塑、植物模纹花坛、立体绿化，将建设的停车场集停车、观景、摄影、休息等功能于一体；在骑行道路的建设中，在不同的节点设置不同特点的休息站；在自驾房车营地选址时，可考虑配套会议、餐饮、购物、亲子活动等空间。

（2）景观依托式。道路周边的自然资源与人文资源相结合，可以增强游客的体验，实现道路交通特色，如旅游公路、旅游大道、观赏性绿道的开发建设。以旅游风景道为例，在线路节点的位置上，选择具有山地、水景、湿地、林地、乡村等自然资源优势的位置，并可选择周边的人文旅游资源，如村庄、特色小镇等，设置观景平台和休息站。在休息点的规划上，充分考虑游客的需求，规划建设旅游厕所、小型休闲餐饮空间。此外，可以设立移动摊位销售地方特色产品，以旅游为主，带动第三产业发展和增加地方经济收入，合理规划道路周边农产品销售方式。景观和建筑是风景道设计的重点，选择最具代表性的地域特色旅游文化元素，通过景观的呈现，合理、适宜地融入现代技术手段，加强特色、体验、连续性和现代性。

（3）交互性发展式。这是一种全方位的、深度融合的发展模式。此模式不仅包括旅游视角下的"旅游＋文化""旅游＋大数据"，完善旅游体验环节的功能与品质，也包含交通视角下的"交通＋旅游"，提升道路交通便捷程度，提高交通产品的盈利能力，体现产品的多功能复合模式和运营的多功能复合模式两个方面，典型案例如"服务区＋旅游"，如观光小火车、音乐公路、云梯、天空步道等。

2. 特征

（1）交通依托型旅游乡村以道路交通为支撑，包含了生态、人文、经济等旅游重要元素，具有舒适可达性和游憩体验性两大特征。舒适可达性的基础是便捷、通畅的道路交通，要以人为本，考虑行驶者的行车安全需求与舒适需要，符合道路设计的基本要求。游憩体验性是旅游交通的显著特征，体现当地自然风貌、风土人情，具有鲜明特色和唯一性。

（2）交通对旅游业的带动是双向互动的发展。交通作为城市旅游的动力来源，以驱动模式推动城市旅游的发展；旅游作为一种由交通驱动的产品，可以通过反馈方式对交通的改善做出反应。发挥交通系统在这个过程中的旅游和交通功能，推动地方特色农产品和其他特殊商品的销售。

（3）交通发展与旅游资源的空间分布不匹配。中国的交通建设主要集中在东部地区，并逐渐形成了网络结构。

第二节 乡村旅游的资源空间分布

一、乡村旅游资源的类型

乡村旅游资源是指能够吸引游客进行旅游活动，并能被乡村旅游利用，产生综合经济、社会和生态效益的乡村景观对象。它是自然资源和人文资源紧密结合的景观。它是由自然环境、物质要素和非物质要素构成的和谐乡村综合体。由于文化旅游资源和自然旅游资源不同，不同地区的乡村旅游资源具有各自的特点。根据乡村旅游资源的结构与组合，归纳出以下五种类型乡村旅游资源。

（一）乡村田园景观

自然田园景观是乡村旅游资源最重要的组成部分，包括大面积连续的农田带、各种经济果蔬园、一定面积的自然或人工水面，一般位于城市郊区或远离城市的乡村地区，自然条件和资源类型多样，空间组合良好。优美的乡村生态环境、良好的乡村自然景观或人为营造的优良环境空间和生态设施，可满足人们休闲度假、休闲休养、享受乡村环境体验等旅游需求，有的已成为区域生态环境建设示范点。

（二）乡村聚落景观

聚落是人类活动的中心，它不仅是人们生活、居住、休息和从事社会活动的场所，也是人们生产、工作的场所。中国农村居民点可分为集聚型，即团状、带状、环状；散落型；特殊型，它出现在帐篷、水乡、土楼和洞穴中。乡村聚落的形态、分布特征和建筑布局构成了乡村聚落景观旅游资源的丰富内涵。这些旅游资源景观具有整体性、独特性和传统性的特点，反映了村民的生活方式，这恰恰成为其区别于其他村庄、与众不同的地理标志。

（三）乡村建筑景观

乡村建筑包括乡村民居、乡村祠堂建筑等建筑形式。不同地域的乡村民居有着不同的地方特色，风格各异，给游客带来别具一格的感受。如青藏高原的碉堡，内蒙古草原上的蒙古包、私塾、绣楼、牌坊等建筑，见证着农村发展的悠久历史，侧面反映了乡村居民生活的另一面。

（四）乡村农耕文化景观

中国农业生产历史悠久，农村工作形式多样，包括刀耕火种、水车灌溉、围湖造田、鱼鹰捕鱼、采药采茶等，都充满着乡土文化，吸引着城市居民和外国游客。

（五）乡村民俗文化景观

乡村民俗反映了特定地区农村居民的生活习惯和风俗习惯，是乡村民俗文化长期积累的产物。我国各少数民族的传统节日丰富多彩，景区每年可以根据元宵节、端午节、中秋节举办不同主题的活动。乡村还有各种各样的民俗活动，如春游、赛龙舟、赛马、射箭等，具有很高的旅游开发价值。比如，龙灯舞狮、陕北的秧歌、东北的二人转、西南的芦笙等乡村风俗习惯都能激起人们来"凑热闹"的冲动。与设计院校合作，建立产学研基地，开发当地民间工艺品，如潍坊年画、贵州蜡染、南通扎染，研发旅游文创产品。

二、乡村旅游的空间分布结构

（一）空间分布

1. 乡村旅游资源的空间分布

中国乡村旅游的空间布局与城市化的空间布局相反，城镇化从东部沿海向西部内陆递减，乡村旅游资源从东部沿海向西部内陆增加。这是因为西部和北部城市建设慢、建设规模小，有大量的乡村和旅游资源有待开发。东部乡村旅游资源虽然在总体布局上空间较少，但仍在全国范围内以点或块状分布，特别是一些重点乡村旅游资源，城市化进程迅速，而东部地区一些乡村的周边城市迅速扩张，城市发展过程中还保留了一些重要的乡村旅游资源。另外，在中西部、西北和西南地区，并不是所有的乡村地区都有乡村旅游资源，一些稀缺、重点、开发价值高的乡村旅游资源总体上仍呈点状分布，例如，中国西南土家族的社会景观就以这种布局为特征。

2. 乡村旅游发展的空间分布

我国东、中、西部乡村旅游发展不平衡，呈现出与乡村旅游资源空间分布不同的特点。总的来说，东部地区比中西部地区好，中西部地区水平相近，西部一些省区的乡村旅游形成了"沙漠绿洲"的效益。全国形成了乡村旅游发展较快的集聚区：一是东部沿海地区，二是中部地区，三是西南地区，而西南地区以四川为代表的乡村旅游发展明显好于西北地区，几乎与东部地区并驾齐驱。[①]

东、中、西部地区乡村旅游发展不均衡，导致我国西部、西北、西南地区乡村旅游资源相对欠发达，而东、中部地区乡村旅游资源发达程度呈饱和状态。

（二）空间结构

我国乡村旅游空间结构主要体现在以下两方面。

1. 宏观层面

中国乡村旅游的空间特征是一块一块的，即基本上以省为区域单元形成自己的空间体系，省与省之间横向空间联系较少，全国乡村旅游网络尚未形成。形成这种格局的主要原因有两个：一是中国乡村旅游以城市为中心，以城市为依托。我国城市空间体系具有较强的区域经济特征，一个省和地区的各级城市构成了一个相对独立的城市体系。以城市旅游市场为导向的各类乡村旅游地围绕区域中心城市呈同心圆布局，形成多条不同宽度的环城游憩带。乡村旅游地的空间结构形成了以省为区域单元的独立的乡村旅游空间体系。二是由于我国乡村旅游客源地的近距离特点，同一省内的乡村旅游地之间关联性强，而不同省份的乡村旅游地之间的空间关联性较弱，全国乡村旅游空间网络尚未形成。

2. 中观层面

在省内，同一城市周围的不同乡村旅游目的地共享相同的客源市场，乡村旅游目的地与城市之间的空间联系通过旅游交通线与城市形成"点轴"空间结构。由于竞争关系的存在，以及各地方政府的扶持和保护，各乡村之间

---

① 沈山，魏中胤，仇方道. 我国乡村旅游重点村禀赋类型与空间分布研究 [J]. 阿坝师范学院学报，2020，37（2）：39-46.

的横向联系较少，尤其是同类型的乡村旅游目的地，没有形成城市周边网络化乡村旅游的空间结构，特别是我国欠发达地区表现得更为明显。

三、乡村旅游空间格局的影响因素

（一）地理位置因素

乡村旅游发展的核心在于旅游市场的存在。由于城市旅游人口是乡村旅游的主力军，接近这些人口的乡村旅游资源具有先发优势。由于这些乡村旅游资源靠近城市，可以突破时间限制，城市居民可以在周末参观。在偏远的农村地区，由于距离遥远，城市居民只能在长假的时候去玩耍，而这些偏远地区只有具有很高的声誉或吸引力，才能使人们忽视距离的缺点。因此，农村资源的地理位置对其发展和后期收益起着至关重要的作用。

（二）交通通达度

交通运输是影响农村资源配置的另一个重要因素。在交通便利的农村地区，人们可以乘坐公共交通工具或自动驾驶汽车到达旅游目的地，因此即使距离很远，也能吸引人们对旅游的兴趣。而在交通不便的广阔的西部或西北地区，由于交通可达性较低，人们出行需要花费更多的精力和体力，这将给出行带来很大的不便。

（三）乡村旅游资源的自身稀缺性

乡村旅游是一种流行的旅游方式，但并不是所有的乡村都有价值和吸引人的优势。大多数农村地区自然景观单调，文化活动僵化，无法吸引公众。在乡村旅游资源类型中，自然风光独特的乡村旅游资源和历史文化底蕴深厚的文化旅游资源相对稀缺。

四、乡村旅游空间结构优化

由于传统旅游资源分布不均以及传统旅游资源对乡村旅游的巨大影响，乡村旅游资源呈现出不均衡的特征。在旅游全球化的背景下，要提高乡村旅游发展的速度和效率，必须注重优势区域的重点开发。在资源配置上，政府应以中国东部地区和中国西南地区为重点，有效利用这些地区的自然资源，开发创新旅游资源项目，合理开发当地的自然环境，促进当地乡村旅游的真实效益提升。在这个过程中，环境保护不容忽视，要充分认识自然环境在乡村旅游发展中的重要作用，避免过度开发，促进乡村旅游的可持续发展。西北、华北乡村旅游应注重产业深度发展，特别是要有效开发具有文化内涵的乡村旅游项目，以弥补这些地区景区之间的距离，首先开发条件相对成熟、资源丰富、发展潜力大的地区，使乡村旅游空间结构增长极得到超常发展，扩大轴辐射，促进湖北全省乡村旅游的发展，最终形成点、轴、面相结合的空间结构网络系统，以错位发展为原则，突出特色，优化乡村旅游空间结构，使乡村旅游得到可持续发展。

（一）结合交通资源与旅游资源

我国现有的交通网络不能完全满足乡村旅游发展的需要。随着乡村旅游的不断发展，对交通基础设施的需求进一步增加，必须加强旅游综合交通网络的建设。乡村旅游的发展、交通建设应注重道路建设，特别是乡村道路交通体系建设。因此，"村通"的有效实施，可以在很大程度上实现村庄与景区的有效连接。交通线路的建设往往耗资巨大，必须充分考虑现有的财政状况，对那些需要优先建设、经济效益高的交通线路进行有效的建设。在建设过程中，交通线上景区的利用效率不容忽视。乡村旅游景点的选址主要基于现有主通道和主要通信线路附近。乡村旅游景点的合理选址可以大大提高现有交通网络的利用效率，使交通资源和旅游资源得到最合理的配置，吸引更多的游客。

（二）发挥传统旅游区的节点作用

由于旅游景点分布松散，中国乡村旅游与传统旅游区呈现"点群"关系，因此，中国没有独立的市场环境，对游客的吸引力较小，阻碍了乡村旅游的进一步发展。为了有效利用乡村旅游目的地与传统旅游目的地之间的关系，需要提升传统旅游目的地节点的功能，实现片状分布和条状分布的格局。传统旅游景点之间如果距离较近，可以采用片状分布，在重叠区域可以开发乡村旅游的黄金区域。在传统旅游景点相距较远的情况下，可以利用带状分布，通过发展两景区之间的乡村旅游，促进沿线地区的经济发展。无论哪种模式，都需要传统景区的大力支持，必须与传统景区建立互惠互利的关系。

第三节　乡村旅游者的空间行为

旅游者的空间行为指的是旅游的游览过程。因此，乡村旅游者的空间行为是相似的，也就是说，主观和客观因素影响游客的决策动机，形成相应的具有空间行为特征的旅游路线选择。明确乡村游客的空间行为特征，有助于指导乡村旅游空间结构的优化与重组，根据需求的特点，明确规划发展和运营管理的方向，从而做出科学的发展决策。

一、乡村旅游空间行为的近距离性

根据多数学者的观点，游客的空间行为具有距离衰减规律，即随着距离的增加，在距离阻力的影响下，游客的人数会逐渐减少。乡村旅游者空间行为也存在这样的衰减规律，这一规律可以从一些对乡村旅游目的地客源行为的调查中得出。

据统计，"五一"假期期间，全国平均出行距离大约是 70 千米，最长的和最短的旅行距离分别来自北京的游客和黑龙江省的游客。从子区域来看，华东地区游客出行距离最长，平均为 92.7 千米，出行距离长短与当地的经济发展水平有一定的相关性。此外，有学者对袁家村旅游者的出行人群数量和出行距离进行了分析，发现 75 千米以内的乡村游客占 79.5%，75 千米以外的乡村游客密度最高，旅游者数量逐渐减少，到 135 千米后衰减至较低水平。这说明乡村旅游者出行距离集中在 70 千米左右，超过 100 千米和低于 60 千米的占比都不高。

同时，笔者团队通过对全国周边游的统计发现，300 千米是最为集中的出游半径，未来随着带薪休假或是 2.5 天周末制度的推行，出游半径将拓展至 500 千米。这已经是乡村旅游出游距离的 5—7 倍，这充分说明乡村旅游者空间行为的近距离性。

乡村游客的这种空间行为特征主要受到两个方面的影响。一是乡村旅游市场供给。乡村旅游产品普遍相似，不可替代的、极具吸引力的产品很少，所以游客一般不会为了大致相同的产品而长途旅行。二是乡村游客的主观因素。乡村游客到乡村旅游更多的是为了缓解生活压力，追求新鲜的环境，增强家庭关系，而这些要求可以在周围的乡村环境中得到满足，不需要长途跋涉。此外，由于假期制度的影响，国内乡村游客出行时间短、出行频率较高，而长途出行无法满足时间短、重复出行的需求。

结合这种行为的特点，也考虑到不同地区之间经济水平的差异，距离城市 70 千米—130 千米是乡村旅游发展空间最适合的距离，若超过这个距离则要求乡村旅游目的地具有较强的市场吸引力或邻近市场消费能力大而强，这对乡村旅游的发展提出了更高的要求。

二、乡村旅游空间行为的尺度性

据乡村游客参与的空间大小，乡村旅游空间范围可分为大、中、小三种尺度。小尺度的乡村旅游者空间范围主要是乡村旅游目的地所在地区（市）70 千米左右的城市范围；中尺度的乡村旅游者空间范围主要是乡村旅游地所在省内或乡村旅游地所在的核心都市经济圈；大尺度的乡村旅游者空间范围主要是省外及更远的客源市场（见表 3-1）。以珠三角地区乡村旅游者为例，来自目的地所在市的游客占 42%，来自珠三角地区的占 30%，来自粤东、粤西北地区的占 14%，来自港澳台及其他省区的占 8%、6%。本市及珠三角地区的游客占据了该乡村旅游市场的 72%，该地乡村旅游客源的空间尺度表现得较为鲜明。

表3-1　乡村旅游者空间行为尺度划分

尺度	涉及空间范围
大尺度	省际、全国、国际
中尺度	目的地所在省内或以目的地为核心的都市经济圈
小尺度	目的地所在地区（市）70 千米左右的城市范围

（一）大尺度空间乡村旅游者行为特征

乡村旅游者在大尺度的空间行为表现出以下特征：力图到较高知名度、较高级别品牌的目的地，并选择自然环境和文化环境与居住地差异较大的乡村旅游地旅游。以中国比较典型的大尺度省际、国际乡村旅游目的地为例看，它们多是知名度高，自身具有一定级别，或依托一定级别景区而发展。

例如，浙江省德清县由洋家乐裸心谷的带动形成了中国精品民宿的集聚地，国际品牌效应突出，吸引了大量外国游客。这种大尺度的吸引力还来源于德清自身的竹海生境，康养环境极佳，同时也来源于附近的国家级风景名胜区莫干山，其丰厚的历史底蕴也是国内外游客关注的，这些体验都是旅游者在居住地很难得到的。又如，江西婺源保留了原始的农业生产生活形态，并进行放大宣传，万亩的油菜花海、别样的乡村秋晒、古朴的民居等，都是差别体验的着眼点，同时婺源被外界誉为"中国最美的乡村"，还是国家乡村旅游度假实验区，其品牌力量也吸引了很多远距离客源。① 西递宏村则是因其自身就是世界历史文化遗产而成为大尺度的旅游目的地之一。②

一些学者认为，大规模的旅游空间行为主要包括两种类型：旅游型和停留型。乡村游客的旅游类型也主要包括这两种类型。旅游型的特点是旅游路线中旅游目的地多，一般游客为串联旅游，如到德清故居的游客为串联到莫干山，到西递宏村的游客为串联到黄山。停留型的特点是旅游路线多为旅游目的地。例如，去婺源的长途游客一般会把县城当成度假胜地，而不会去其他地方，这与前文所述的乡村游客依赖景区和优势资源的空间行为基本一致。

总体而言，规模较大的乡村旅游空间行为并不占多数，因为很多乡村旅游目的地本身的品牌和资源吸引力不足以吸引长途游客，即使是国内著名的乡村旅游目的地，其省外游客和国际游客的比例也很低。因此，如果能够吸引乡村的游客在大尺度空间范围内旅行，它需要具备强烈吸引力的文化遗产和自然景观特征，具有一定的服务质量，有一个地区高档品牌或依赖周围的强大吸引力的核心。

（二）中小尺度空间乡村旅游者行为特征

旅游者在中小尺度空间的行为具备一些大尺度空间所没有的特征，即乡村游客无论住在何处或在临时居所附近，只要旅游行为涉及中小空间，就会倾向于采用节点式旅游路线。

在居住地附近旅游。在中小尺度空间内，旅游者一般不愿意在外长时间

---

① 巩妮，朱美宁，李晨菁.基于点—轴理论的咸阳乡村旅游空间结构优化研究[J].知识文库，2017（5）：27.

② 杨彦峰，吕敏，龙飞，等.乡村旅游 乡村振兴的路径与实践[M].北京：中国旅游出版社，2020：56-82.

留宿。所以，进行中小尺度旅游的旅游者会倾向于在短时间内完成游览，并多次出游。在北京周边进行的乡村旅游调查发现，很多旅游者宁可采用往返走回头路的节点式路线，也不采用环路在一次数天的旅游中把全部景点游完。例如，去昌平的乡村旅游者会因采摘草莓、泡温泉、爬山等不同的目的而多次出行。

在临时居所附近旅行。当临时居所附近的旅游点到车站的距离能够保证游客在一天内完成该点的旅游时，游客也会采用节点旅游路线。在选择了临时居所后，除非临时居所条件特别差，游客一般不会花时间和精力去寻找更好的临时居所。这种以暂住地为中心，采用节点式旅游路线往返的行为，与中心城镇依托型的空间行为模式较为一致。旅游者的这种行为特征，使得大城市周边的某些乡村旅游点虽然位置相距不远，但依然很难成为一条成熟的旅游路线。

三、乡村旅游空间常见行为模式

任何一个旅游目的地的发展都会经历发展、成长、成熟和衰落的周期。结合乡村旅游目的地的实际发展，及时引导和优化游客的空间行为模式，有利于乡村旅游的可持续发展。乡村游客空间行为模式优化应注意以下几个方面：一是旅游目的地生命周期，注意空间行为模式优化的历史演变；二是充分考虑现有基础设施条件，特别是交通条件和区域旅游资源的分布和特点，完善区域旅游产品体系；三是最终目标是实现区域旅游的可持续发展，创造良好的经济、社会和环境效益。

区域乡村旅游的发展还没有达到绝对成熟阶段，游客空间行为模式的优化需要一个渐进的过程。本书试图以陕西省袁家村为研究对象，分析乡村游客常见的空间行为模式。通过研究，笔者认为乡村游客空间行为模式的优化经历了从基本模式到直接旅游辐射、从直接旅游辐射到直接旅游扩展、从直接旅游扩展到旅游三个演化阶段。

（一）直行—放射状

这是乡村旅游者空间行为优化的第一个阶段，与基地旅游、基地辐射类似，是指游客进入乡村旅游目的地，以乡村旅游目的地为中心，借助一定的道路和交通设施（休闲路径），辐射附近的景区（点）。例如，以袁家村为中心的关中印象体验场所，辐射带动了昭陵、昭陵博物馆、醴泉湖、文庙、御桃园等周边景区（点）的发展（见图3-4）。

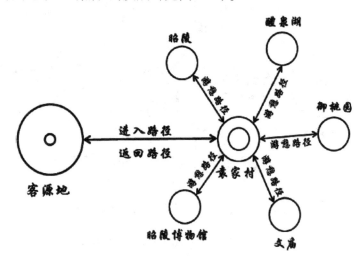

图 3-4 袁家村旅游者直行—放射状结构图

直行—放射状旅游的特点如下：一是乡村游客进入和返回的路径相同，既直接到达旅游中心，又返回游客来源地，交通方式可能多种多样；二是有旅游中心或集散中心，起到了积极的辐射作用，将旅游中心的游客吸引到周边景区（点），带动周边旅游的发展；三是在中心地辐射带动下，周边景区（点）形成新的旅游节点，节点与中心之间有较为完善的道路和交通设施（即休闲路径），游客进入旅游节点，通过游憩路径返回中心位置。旅游节点的优化可以延长游客的停留时间，提高乡村旅游的经济效益。事实上，这有赖于旅游资源的开发、旅游设施的完善、游憩路线的建设，以及节点和中心的整合营销。

（二）直游—扩展式

乡村旅游者空间行为优化的第二阶段，也是直接旅游和辐射式的延伸和扩展。在此模式下，游客进入乡村旅游目的地。除中心位置外，周边景区（点）成为副中心，辐射带动周边旅游资源的开发，形成一批新的旅游景点。现阶段，袁家村是中心。昭陵、昭陵博物馆、醴泉湖、文庙、御桃园等景区（点）也已发展成为副中心，周边出现了新的景区（点）（见图3-5）。

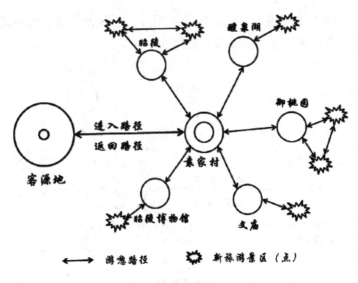

图 3-5　袁家村旅游者直游—扩展式结构图

直行延伸型和直行辐射型有一个共同点，即乡村旅游者的进入和返回路径相同，都以乡村旅游中心为核心，交通方式可能多样化。但差异是明显的：第一，中心周围的景点已成为副中心或副集散中心；其次，副中心周围有许多新的旅游节点，这些节点通过休闲路径紧密相连。游客停留时间进一步延长，旅游活动内容逐步丰富，旅游产业链延伸，旅游综合效益显现。但是，对分中心或配送中心的综合开发、设施和服务水平提出了更高的要求。

（三）周游—扩展式

这不仅是乡村旅游者空间行为优化的第三阶段，也是一个相对完善和成熟的阶段。在这种模式下，乡村旅游中心及其附近的风景名胜区构成了一个紧密相关的整体旅游区。游客有多种出入景点的路径，有大量的旅游路线和多种交通方式。以袁家村为例，在此模式下可形成以袁家村为中心的关中印象体验地乡村旅游区（见图 3-6）。

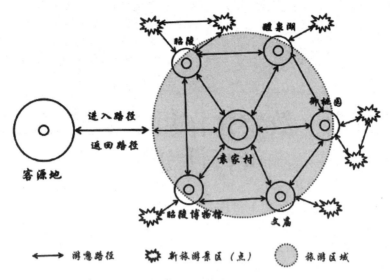

图 3-6 袁家村旅游者周游—扩展式结构图

周游—扩展式模式中存在明显差异：一是游客出入景点的路线存在明显差异，不同的个人可能会选择不同的旅游路线，不一定来自乡村旅游中心；二是游憩通道完善，各景区之间有便捷的连接通道；三是乡村旅游中心的作用可能会下降，但整个区域的旅游业整体发展逐步完善，旅游业的经济、社会和环境效益趋于最大化。

在周游—扩展式模式中，游客的选择多样，旅游项目丰富，旅游质量高。每个景区都可以分流游客，降低交通拥堵、环境污染、服务质量下降等负面影响。整个区域的协调发展可以促进乡村旅游业的可持续发展。

第四章　数字化作用于乡村旅游的可行性分析

第一节　数字技术辅助乡村旅游空间环境调查与分析

　　乡村旅游空间布局范畴包括风景环境与建成环境两大类，不论是哪一类环境，场所均有着自身的特征，如空间、生态、文脉等，所有环境均非"一张白纸"。乡村旅游空间布局在有条件的场所中展开，结合场地区位条件、自然秩序、人工建设状况等，对现有场地赋予新的使用功能。因此，景观设计的核心在于寻求场所与规划设计方法之间的适应性。

　　对环境进行调查研究是利用现有地形图，结合实地勘测，以实现不同类型数据收集及对其图形化的表达，为场地分析提供齐全的技术数据资料以及建立相对准确的图纸表达。往往不同类型的数据需要不同的调研方式，而传统抽样调查法、问卷调查法、行动观察法均不如采用数字技术省时、省力。

　　建立合理的现有环境资源评价体系，明确场地适宜性和施工强度，在设计过程中尽量避免主观性和盲目性，是现代景观设计解决问题的方法，也是景观资源综合效益最大化和可持续发展的基本前提。乡村旅游空间布局不仅要丰富人类活动空间，还要协调人与自然的关系。乡村旅游空间布局的目的是通过生态环境的整合、空间格局的考虑和文化景观的再生，把握场地的特点，发挥环境效益，实现资源的最大化。环境状态评价设计内容丰富，方法多样，常见的传统方法，如专家法、社会科学法等，以制图的方式记录和分析景观布局与顺序的连续关系；社会科学分析方法可以了解景观属性与群众需求之间的关系。这两种方法在一定程度上解决了环境评价的主观性问题，但研究范围较窄，往往只能评价单一因素，而非从整体考虑。景观分析评价软件平台有生态分析、网络分析、植物模拟分析、数字技术叠加分析等，是分析乡村旅游空间布局现状的常用工具。

一、辅助乡村旅游空间环境调查

旅游空间环境调查数据多样，包括文字、图像、影像、数据文件等，因此，对调查数据的处理与管理成为首先考虑的问题。建立前期调查的资料库，便于查阅和应用，为后期设计数据做好准备是这一步的主要任务。由于数据形式多样，传统数据保存形式和方法不利于统一管理和调用，选择合适的数字技术可以轻松地解决这一难题。数字技术中"3S"技术系统强大的数据处理能力对景观环境数据的采集、转化、编辑、管理、评价等形成了一套完整的方法，为景观规划设计环境调查与分析提供了数据支持（见图4-1）。

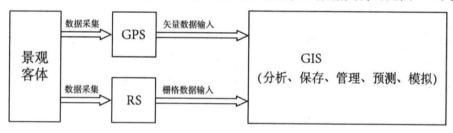

图4-1　"3S"技术集成平台功能流程图

（一）辅助乡村环境调查方法

对调查数据有选择性地提取和处理，使之能够与设计有关，而"3S"系统空间数据处理模块可以高效地满足这一要求。

1. 数据采集

旅游数据是乡村旅游空间布局现状分析的基础，收集的方法通常有实地勘测和"3S"对地观测技术，通常是指用 RS（遥感）技术和 GPS（全球定位系统）技术。从"3S"技术概念中可以知道，RS 技术对于乡村旅游数据采集具有相当优势，它从高空接收地表各类信息，并将信息进行摄影、扫描，传输到地面工作人员的接收设备中。遥感探测技术可以短时间内对地观测获取有价值的信息，从而为乡村旅游空间布局调查提供现状资料，这是传统作业所不能及的。另外，遥感探测器所获取的信息是实时动态变化的，所以分析对比更能加深我们对乡村旅游空间环境的认识。GPS 技术可以用于提供野外定位、测量、景观格局等数据。

2. 数据转换

数据转换就是将所调查的环境数据及图表资料转换成 GIS 能够识别的文件格式，常见的如遥感图像解译、栅格图与矢量图之间的转换、CAD 系统数据与 GIS 系统的数据转换，旨在使调查数据得到充分利用。GIS 系统技术支持 Tab、Shp、Tif、Jpg、Img 等多种矢量和栅格数据导入和导出，并提供坐标转换、几何校正和数字技术工具。遥感图像解释是根据遥感波段光谱，从卫星图像的颜色、纹理、结构和位置等各种特征中解译出各种乡村旅游空间类型的目视解译方法。栅格图与矢量图的转换和 CAD 数据的相互转换方法简单易操作，是进行数据处理的主要途径。

3. 数据编辑

数据编辑是对采集后的数据进行编辑操作，它是丰富和完善数据以及纠正错误的手段。数据编辑包括数据的图形编辑及数据的属性编辑，两者内容不同，方法各异。在 ArcGIS 系统中，ArcMap 软件有强大的数据编辑功能。ArcMap 支持包括点要素、线要素、面要素在内的所有数据编辑。

（二）辅助乡村地理环境调查

1. 数据矢量转换

首先是底图的制作。底图是作业的基础，底图制作就是根据目前所获得的材料，完成数据图像的矢量化过程。本研究选择城市规划图作为底图，先将其扫描转换为栅格图像，再保存为 Tif 格式，然后在 ERDAS IMAGINE9.1（ArcGIS 软件）中赋予坐标。

2.RS 遥感影像处理

遥感影像进行几何校正和解译。

3.GPS 的数据采集和输入

使用 GPS 设备在底图的相同坐标内分别对树木、道路、溪流、桥、建筑物和其他标志物进行定位。在定位的同时输入植物的相关信息，如树木的高度、树冠大小、生长状况，以及建筑物的高度和使用情况等。通过

Path Finder 读取 GPS 所采集的数据，以点、线、面的形式区分出树木、道路、桥梁、建筑等标志物，转换成 DXF 文件格式储存，以便提供给 ArcGIS 软件。

4. 植物管理数据库的制作

基地植物众多，因此需要用 GIS 软件 MapInfo 编制电子版植物数据库，将测定的植物属性（大小、高度等）转换为文本文档导入 MapInfo 中，成为与植物分布信息直接相连的数据表；以 Excel 格式输出成为基本数据库，进一步为规划设计和植物的管理提供基础资料。

"3S" 技术在环境调查与评价中的应用已经达到了很高的水平。GPS 定位应用、RS 遥感影像的应用与处理、基于 GIS 平台的数据处理在项目前期调查与分析中有很强的实用性。

（三）辅助乡村气候环境调查

气候条件决定了人们心理和生活习惯的差异。气候对地方特色、民俗、动植物和文化表现形式有着深刻的影响，这些都生动地反映在中国传统村落和空间布局中。在乡村旅游空间布局中，气候对环境特征的影响直接关系到乡村空间的塑造。在环境调查阶段，不仅要如实探索当地的地理环境，还要详细了解当地的气候条件。在以往的气候条件调查中，往往停留在对区域环境条件的模糊把握上，如夏热冬冷地区或其他地区，很少对指标进行定量、直观的统计。即使是气候特征的定量分析和统计，传统的统计图方法也费时费力。数字技术和网络技术的结合，可以帮助设计者真正了解当地的气候特征，为设计提供基础信息，便于在设计中做出响应。

对气候的调查包括温度、湿度、风、雨、雪、太阳辐射等要素，借助数字技术软件模拟，可以逐时地显示地区的气候情况。例如，Autodesk Ecotect Analysis 通过软件中的气象工具模拟气候条件。天气工具使用扩展名为 "wea" 的天气数据记录文件，它包含最常用的每小时气象参数：气温、相对湿度、总辐射、散射辐射、风速、风向等。

二、辅助乡村旅游空间环境分析

（一）辅助乡村旅游空间现状分析的方法

1. 乡村旅游空间数据准备

依据现场调研，从遥感（RS）数据、GPS 数据等提取出影响景观规划设计的数据作为输入数据，如现有土地资源使用情况、历史文化建筑保护情况、山体数据、水文数据、植被数据、现有建筑数据等，其中包括对数据的转化、提取、整理等。

2. 派生数据集

派生数据集就是将现存调查数据派生出能够影响景观规划的成本数据，在 GIS 平台中，体现在对现状单因子的分析中，如山体数据（DEM）派生出的坡度数据等。

3. 重分类各种数据集

重分类是根据规划的适宜性要求进行单因子重分类的步骤，消除各成本数据集的影响，使各成本数据集有相同的可比分类体系，根据适宜性要求，按一定分类原则，通过色彩的高低加以分区，通过色彩的深浅表现适宜性的优劣。

4. 给各数据集赋权重

重分类后，各单因子适宜性较高的区域已经被赋予较高的适宜度值，由于各因素对景观规划的影响不同，要赋予各因素不同的权重，权重值的和为1，依据不同因素的不同权重计算出最佳适宜性区域。

最终适宜性数据加权公式为：

$$S = \sum_{i=1}^{n} A_i C_k$$

其中，S——最终适宜性，A_i——单因子适宜性数据，C_k——权重比。

（二）辅助乡村旅游空间现状分析的应用

在土地资源紧张以及生态环境恶化的双重压力下，对场地资源的优化配置，使资源环境和社会效益达到最大化是现代景观规划设计的重要目标。场所的适宜性分析是叠合了场地内多个因素综合分析，对设计的生成产生直接影响。场地的适宜性评价是实现场地资源优化配置的基础，为选择用地范围及分布提供了基本依据。数字技术在场地适宜性评价中起着重要作用，在此以某地区为例，对乡村旅游空间布局现状分析中数字技术的应用加以说明。

1. 现有土地资源使用分析

依据现场调研根据各因子的重要程度和影响程度，结合国家有关标准对土地资源进行分类，然后在 ArcView 中绘制出土地资源区域，再建立相应的表格赋予权值，叠加分析。

2. 历史文化区域的开发与保护

对于历史文化区域和保护区域一般采用缓冲区分析的方法得到离各景点不同距离范围内的区域分布图，通过颜色加以区分。

3. 水文分析

对于有水域的区域，要对其进行合理的利用与保护。水文分析一般包括水域面积、水深、水质等。

4. 植被分析

可以在 GIS 中将不同的植被种类分类编辑，以不同的颜色显示，可以清晰地看到植被分布和植被群落特征。

5. 山体分析

山体分析包括对山体的高程、坡度、坡向、山体阴影等的分析，反映了山体地貌情况。

第二节 数字技术辅助乡村旅游总体用地布局与设计

一、辅助确定场地适宜性分区

在土地资源紧张和生态恶化的双重压力下，优化乡村旅游设计场地资源配置，提高空间场地利用强度，是实现景观集约规划设计的重要措施，有助于实现环境资源的综合利用和社会效益的最大化。空间土地资源优化配置需要对空间用地进行科学的评价，主要内容是对场地条件进行分析，结合建设项目的不同因素及其环境要求进行分析，为土地范围和布局的选择提供基础依据。根据场地的适宜分区和分类，以及对原有环境条件的合理利用，合理界定拟建项目的定位和功能分区。

场地适宜性分区可分为环境适宜性分区和建设适宜性分区两个层次。环境适宜性一般基于对场地自然资源的分析，可持续发展是目标。场地的适宜性可分为三个层次：保护区、生态恢复区和适宜建设区。项目建设的适宜性一般是建立在环境适应性分析基础上的。针对不同的项目，从外部环境、空间形态、使用要求等方面分析可建设面积与环境需求之间的对应关系，从而选择用地范围、建筑体量和布局。建筑工程的适宜性可分为适合施工、比较适合施工和不适合施工三个层次，应找到项目施工适宜性最好的场地布局进行设计。

数字技术辅助确定环境适宜性分区与空间用地分级。

对于乡村旅游空间用地的适宜性分区，ARCGIS 无疑是最佳辅助软件之一。利用 ARCGIS 的场地适宜性分析结果确定场地环境生态关系，依照环境条件的差异划分相应的区域，为项目建设的适宜性场地划定场地范围。

①保护区域：自然条件好，生态系统稳定，人为干预少，环境有自身修复能力和维持能力。

②生态恢复区域：自然条件略差，景观效果一般的区域，可以采取修复式的环境调节，如增加其他灌木等来增强景观效果。

③适宜建设区：生态条件差，受人为干预较大的区域，可进行人工建设。

通过数字技术辅助场地适宜分区，确定用地范围一般可分为以下三个步骤。

第一步是基础信息数据的收集与数据处理，生成数字高程模型。一方面，对场地中的图形和图像文件进行解释，规划中采用了自动矢量化解释方法，通过图像校准、颜色增强、替换和矢量化等步骤，将图形文件转换为矢量文件。另一方面，对数字化技术的结果进行综合分析，判断数字化技术的方法是否可行，能否作为基础数据辅助规划过程、叠加操作等，对全区人口规模、基本农田分布、村镇分布、植被分布、区域内风景名胜区名称等数据进行整理录入，以便补充数据库。

第二步是进行单因子分析。单因子分析一般包括地形地貌分析（包括高程分析、坡度分析和坡向分析）、地表覆被分析（包括水系分析、林地分析、基本农田分析）、人文因子分析（包括行政区划分布、景点分布、人口统计）。

　　第三步是确定场地环境的适宜性分区，综合考虑场地内旅游空间的个性和特点，在边界的可识别性、行政区划管理的必要性、乡村旅游景观特征与生态环境的完整性、地理空间与区域单元的相对独立性、生物资源的多样性等多重原则指导下，对景区的适宜性和可行性进行多因素叠加和权重处理，通过分析确定适宜建设的区域、需要植被恢复和改造的区域、需要保护的区域等，合理配置三级区域：保护区、生态恢复区和适宜建设区。依靠环境适宜性分区进一步分析建设用地的适宜性等级，最终把项目建设区域分为适宜性区域（一级建设用地）、较适宜区域（二级建设用地）。

二、辅助确定乡村旅游建设项目选址

　　实现建设项目的优化选址与合理布局是乡村旅游空间布局中的重要内容。一般跟场地内地质地貌条件、资源能源、劳动力、消费人群等因素有关，是一个复杂的问题。科学的选址有利于发挥场地环境的效益。运用数字技术参与并辅助乡村旅游公共景区或公共设施选址一直是很多领域学者都在研究的问题。20世纪60年代初提出的定位分配模型在后来与GIS结合，成为项目选址的新方法。

　　GIS成熟度与选址要素的结合是非常有效的，在选址中常用的叠加分析可以帮助确定项目设施的影响范围和服务半径。叠加分析不仅可以生成新的空间关系，还可以生成新的属性关系，为选址提供有价值的信息。最后是视觉表达，通过分析直接生成最合适的选址区域，通过直观的图形呈现在大家面前，为沟通和分析问题提供了方便。

　　数字技术辅助项目选址一般分为以下三步。

　　第一步，基础信息的获取与处理。

　　首先通过地形图及现状调查收集在规划区域内同类型项目的位置及相关现状信息、区域内交通及街道信息、土地性质、人口数据等。这些数据中并不是所有的都能直接运用于GIS，必须通过转换和数据提炼，使非空间数据转化为GIS可识别的空间数据。数字技术可以用来提取信息，如道路中心线、用地边界等，对于不必要的信息进行提炼和限定，最后得到如用地分类信息、同类项目现状信息、人口数据和道路交通数据等统一的空间数据。[①]

---

① 薛勇，穆丹，梁英辉，等.数字时代乡村景观在园林景观设计应用中的理论研究[J].

第二步，明确项目选址的原则。

以乡村某公共学校选址为例，通过影响项目的因素和项目属性建立选址原则，明确选址的适宜区、一般适宜区和不适宜区。如以下对学校选址的原则：①人口密集区适宜；②居住区适宜；③公建用地一般适宜，工业用地、绿地等不适宜；④现有学校服务半径之外优先考虑。

第三步，通过空间分析确定项目最佳选址。

同样，应首先建立人口密度单因子模型，可以根据区域内每个街区的面积建立人口密度模型。用人口总数除以相应的面积就能得到人口密度分布图，并建立评价指标。现有学校现状：根据现有学校位置，应用 ArcView 的 Find Distance 分析方法可得距现有小学的距离分布。确定权重，将大于服务半径的区域取较高的适宜性值。土地利用使用分析：将所准备的规划用地矢量图转化为栅格状土地利用图。然后进行叠加计算，产生学校选址的综合分析图，评定值较高的区域为优选的学校选址地区。

三、辅助总体优化布局

生态可持续乡村旅游的空间布局也具有气候适应性。空间布局不仅仅是地形和植物的规划设计。现代景观规划设计都市化的提出，扩大了乡村旅游空间景观布局和规划的范围。在乡村景观规划中，气候因素对建筑外部环境的影响也应成为现代乡村旅游空间景观规划布局的内容之一。数字技术对环境的模拟不局限于地形、地貌等静态要素，而是已经涉及动力领域，能够完成风、霜、雨、雪等动力气候的模拟。从定量分析的角度，合理优化建筑的外部环境，通过乡村旅游空间地区气候特征的模拟与数字技术设计，符合现代乡村旅游的科学发展趋势和特征、空间景观规划和布局。

本书主要聚焦风环境下的总体布局优化，具体如下。

外部环境的自然通风设计可以提高乡村旅游景观的品质。一般认为在3—4m/s 以上时，建筑表面的风压差能形成有效的穿越式通风。但是由于对空气气流的掌握知识不够或没有良好的气流描述媒介，对自然通风的设计长期建立在定性基础之上，或者想当然地分析简图指导通风设计，这些都是不科学的。以夏热冬冷地区为例，建筑群的布局，夏季应该朝向主导风开敞，使气流通畅；冬季主导风向应封闭，阻挡气流。数字技术的 CFD 模拟软件对气流的模拟，可以帮助设计师有效地组织环境的外部通风设计。对于风的评价主要有两个指标：一是"风影"，二是"风速"。风影表示风在吹向阻挡物时在阻挡物背后形成的漩涡区，漩涡区在地面的投影就是风影。风速是环境热舒适度的评价标准之一，一般夏季风速在大于 1m/s 而小于 5m/s 时，人在外部活动时感觉舒适。下面以上述乡村居住聚落建筑的外部环境为例，对数字技术辅助外部环境自然通风设计加以解释。

选取 5m/s 作为环境通风模拟的参考值，以某乡村地区为例，全年主导风向北偏西 15°。方案一的居住聚落北偏西 40°，与主导风向成 65° 夹角；方案二的居住聚落主朝向为北偏东 19°，与全年主导风向成 34° 的夹角。总体布局考虑重庆夏季炎热而通风不足，所以以水陆风为主要风力来源。以 1.5m 高处分析所知，方案一中大多数环境的风速能达到 1m/s 到 5m/s，建筑背后存在一定风影区但较小；方案二为行列式布局，多层建筑的风影区普遍较大，高层与多层之间空旷，气流紊乱。因此可以判定方案一的通风使外部环境更舒适，但是随着风速增大到 10m/s，有三处风速大于 5m/s，所以需要做防风处理。

第三节　数字技术辅助乡村旅游空间内交通系统组织

自然、便捷的交通对于现代人们的生活极其重要，面对城市交通压力的增加，在乡村旅游空间景观布局与规划中，合理的交通组织是创造良好景观空间的基础。中国传统园林对于道路的设计丰富多彩，对于每一处都考量再三，是值得现代空间规划设计所学习的。

据统计，在现代出行因素中，交通相比住宿、餐饮、旅游等服务更值得人们取舍。规划师简·雅各布斯（Jane Jacobs）说："当我们想到城市时，首先出现在脑海的是街道和广场，街道有生气，城市也有生气，街道沉闷，城市也沉闷。"一个优秀的空间规划与布局很大程度上取决于交通的组织成败。场地内的地理因素、人文因素是形成场地内交通系统的重要途径，一般包括道路交通系统规划设计、步行系统规划设计和静态交通规划设计。目前，由于资料收集不完整、量化分析不全面、对交通的影响因素估计不全面，很多交通规划设计不合理、不科学，直接影响乡村旅游空间或当地旅游的经济价值和实用价值。运用数字技术的量化分析和辅助设计，在乡村旅游空间布局中辅助道路选线和设计，对于深入研究交通系统的选线布局、生态效益等有重要的启发。

一、辅助交通道路选线

与项目的选址一样,传统的交通规划设计是一种实地路线选择和一种纸上路线选择。传统的现场选路是由技术人员根据设计和使用目标的要求进行现场调查。在道路所经过的地区,技术人员利用测量仪器对周边地质、地物等影响路线选择的诸多因素进行实地调查和研究调查,根据获得的基础数据,根据路线与地形相适应的原则,经过反复比较,确定较为经济、合理的路线方案。纸上选路一般通过现场布线、测绘地形图、纸张选路,再到现场布线来实现。纸上选线进一步选址,不仅减少了长途旅行的工作量,而且通过应用遥感技术可以全面分析、把握全局,路线也更加合理。

数字技术辅助道路选线分析技术是基于 Dijkstra 算法的思想。Dijkstra 算法是通过从初始节点寻找靠近节点然后累计迭代产生节点集。从物体所在的初始节点开始访问图中的节点,它迭代检查待检查节点集中的节点,并把和该节点最靠近的尚未检查的节点加入待检查节点集。该节点集从初始节点向外扩展,直到到达目标节点。基本思路是在数字地形模型的基础上针对影响选线的各种因素,如坡度、地质、土地利用类型、社会环境效益等建立相应的数字模型,对数字模型中每个栅格中各因素对道路布线的适宜性做出分析,然后将分析值赋予栅格单元,表示在栅格内布线的适宜性高低,由相关软件的最优路径分析功能自动选出连接点与终点的最优路线。①

数字技术辅助道路选线一般根据影响因素与权重建立影响因素数字模型,生成最优路线。数字技术辅助道路选线大概可分为以下三个步骤。

(1)影响因素的分析与权重确定。影响道路选线的因素很多,包括地质地貌、水文、社会及其他,从中选出影响选线的主要的控制性因素是第一步。各因素对道路选线的影响不同,所以要赋予权重进行分析。

(2)建立数字模型。在分析了主要影响因素后,通过 GIS 制作相应的数字模型,如水文、地质地物等单因子模型选线,然后运用 GIS 的叠加技术对高程、坡度、地质、土地利用等建立叠加模型,成为道路选线的依据,再通过对综合模型的适宜性分析生成综合模型用于道路选线。

(3)生成最优路线。在综合模型的基础之上通过最优路径算法,运用

---

① 杨利柯.许昌市乡村旅游交通体系优化研究[J].产业与科技论坛,2021,20(2):225-227.

GIS 调用综合模型中的数据计算最适宜的栅格单元。栅格单元组成的轨迹就是最优路径。

运用数字技术辅助道路自动选线具有直观、形象又便于实现等特点，并且方法简单，便于操作。但是也存在不足，比如，栅格的路线呈锯齿状，不能满足道路设计要求，也不能对路线的指标进行控制，但是所得的最优路线可以为道路选线提供参考，再加以修正，就可以达到道路设计的线性要求。

二、辅助步行系统设计

数字技术不但能够辅助选线，还能帮助设计师在旅游空间步行系统设计中指导辅助步行系统设计。通过模拟人的步行轨迹生成步行道就是数字技术在步行系统设计中便捷、科学的方法之一。

群集智能的概念来源于对自然现象的提取。自然界中群居昆虫以集体的力量完成诸如觅食、筑巢、御敌等复杂工作，它们往往单个智能低、能力微弱，但是一旦形成群体就有无穷的能力，蚂蚁群筑巢就是一个典型的例子。我们把这种虽然单个互动简单，但通过多次互动能解决复杂问题的智能行为称为"群集智能"。

计算机领域中有两种基于群集智能的算法：蚁群算法和粒子群优化算法。蚁群算法的概念来源于对蚂蚁寻找回归路径行为的讨论。它是一种寻找最优路径的算法，目前的设计主要是模拟人在场地中的运动轨迹，确定景观空间中的道路，安排疏散通道等。粒子群优化算法（Particle Swarm Optimization，简称 PSO）是一种在鸟类运动过程中，人们通过参考同伴的信息来调整自身状态的算法。在运动过程中，每个个体都是另一个的参考对象，算法通过相互学习达到全局最优。我们称运动中的单体为"粒子"，每个单体都有一个参考值，决定其运动状态。粒子群优化算法可以实现景观规划设计中的多目标优化。

这里讨论的是数字技术模拟群集智能算法生成步行系统的可能性。在乡村旅游空间景观的布局规划中，行走系统与个体对环境的心理感受和行为方式有关。乡村空间景观对人的吸引力在很大程度上决定了游客的行走路线。

笔者以一实验性概念设计为例，对数字技术在步行系统设计中的应用策略做一简单分析，重在探讨数字技术模拟在步行系统设计中的具体方法和实现的可能性。笔者以某乡村自然生态公园开阔地为原型，自拟了一块高低起伏不大的不规则空地，空地上分布着 20 棵大树、10 棵小树、7 棵特色风景树和一个由 10 条边组成的池塘。笔者以游人的行为作为研究对象，以群集智能算法理论和算法生成技术为依据，旨在创造高效、丰富的步行系统。设计分为三步完成。

（一）场地景观的数据化

场地中有四种景观：20 棵大树、10 棵小树、7 棵特色风景树和一个由 10 条边组成的池塘。在此将 37 棵树木和池塘折点作为对人的景观吸引力点，在模拟中用几何点表示，人体行为作为运动几何点。人体点与景观吸引力点之间的距离为 R，景观点对人体点的吸引力为 F。这样将场地中的景观实体转换为物理量就可以求出它们之间的关系，建立规则，设置参数。

（二）设计规则和参数设置

1. 规则

一般人进入一片区域以后，视线总是会寻找吸引自己的事物，在公园休闲散步也是边走边看，这决定了他们行走的轨迹。在此过程中，景观对人的吸引力 F 会随着人与景观距离 R 的减小而增大，可以借鉴万有引力公式 $F=GMm/R^2$，忽略质量因素，求出某人在瞬间的引力 F'。

2. 参数设置

设置一：吸引系数的设置，四种景观对人的吸引力不一样，所以设置随机系数表达四种景观对人的吸引力，并且对不同类别的景观吸引程度设置随机范围，强调个人对景观的偏好。

设置二：当某人进入景点 1m 范围内后，视为该景点已过，人按照剩下的合理方向继续行走。

设置三：当景点走完合力小于某个值时，人停止行走，本次轨迹模拟结束。

设置四：因为公园密度小，可排除人员拥挤引起的排斥心理。

设置五：入口设置为一个，一次只对一人行走轨迹进行模拟。

（三）模型的生成

通过对 50 人不同随机人行路径的模拟，再进行叠加，可得出在这段时间内人行的分布情况，然后对这个流线叠加图做高斯模糊处理，将灰阶图片转化为由上万个根据图片灰阶分布来定义半径的圆圈，再将圆圈投影到地形上，作为模糊步道的铺地概念，模型圆圈就是步行的铺装，也可以根据设计需要调整步行系统铺装的石板的单元形状，以满足不同的审美要求。

第四节　数字技术辅助乡村旅游空间的生态设计

在乡村旅游空间布局规划过程中，以景观生态学理论为出发点也是现代乡村旅游空间景观布局规划的发展趋势之一。景观生态学关注空间景观的整体性、动态性和关联性。各因素在完成自身功能的过程中，与其他因素相互联系、相互制约、相互协调。景观生态学：不同生态系统或景观单元之间空间关系的结构，强调景观单元间的相互作用以及斑块镶嵌结构和功能随时间的动态变化过程，决定了景观生态学分析的内容。空间布局是这三个特点的集中体现。因此，有关空间布局的研究对理解景观规划的整体性有着重要的作用。过去，由于技术的限制，缺乏用于空间布局分析的环境数据调查，使得旅游空间布局规划相对不完善。数字技术的介入可以帮助设计者更深入地理解景观生态环境与空间布局的关系，为乡村旅游的空间布局提供科学、合理的技术支持。

在空间规划区域内，必然有一个或多个生态因素起主导作用。它们的存在是长期、稳定的，并且可以影响该地区其他因素的状态，这种影响要引起重视，而这些因素被称为生态主导因素。例如，气候和地质特征决定土壤和水系，而水系统和土壤决定了该地区的动植物，因此，气候和地质是该地区的生态主导因素。通过对主导生态因子的分析，基本确定了整个区域的生态格局。对于其他短期的、不稳定的或较小的影响因子，可以在生态因子分析中对整个区域的生态格局模型进行进一步修正，最终得到更加相似的生态格局模型。数字技术的仿真分析帮助设计师更准确、直观地对分析过程和结果做出反应，从而得到及时的反馈，同时通过修正因子的介入对基本模型进行修正，最终生成相应的规划模型。数字技术辅助景观生态格局矩阵分析可分为以下几个步骤。

一、生态主导因子分析与识别

在规划区域内，许多生态因子相互影响，组成了整个环境，例如，气候、水体、居住区域、工业、植物、动物、土壤、地形以及其他构筑物，因此要通过对基地环境生态因子的分析确定影响整个区域的主导因子。例如，在某乡村旅游景观空间布局与规划设计中，通过相关性分析，最终确定了居住、水体作为区域内环境的生态主导因子，如表4-1所示。经统计，居住、水体与其他因子的关联度超过65%，因此确定其三种因子作为主要因子，但是其他因子也是不能忽略的，可以作为修正因子对其进行补充。

表4-1　生态因子相关性分析

项目	气候	水体	居住	植物	动物	土壤	地形	人工设施
气候	—	√	√	√	×	×	×	×
水体	√	—	√	√	√	×	√	√
居住	√	√	—	×	√	×	√	√
植物	√	√	√	—	×	√	×	×
动物	×	√	√	×	—	×	×	×
土壤	×	×	×	×	×	—	×	×
地形	×	√	√	×	×	×	—	√
人工设施	×	√	√	×	×	×	√	—

二、生态主导因子分级分析与模型修正

通过以上基础对主导因子分级分析，然后叠加建立基础模型，通过各修正因子的叠加，最终产生生态矩阵分析图。第一步，确定分析尺度，在ArcGIS 软件中，通过具体问题分析，建立矩阵分析网格，一般为 10m—1km 不等，城镇一般以 500m 为矩阵网格。第二步，建立主导因子分析指标与分级分析标准，例如，某工业分析指标和分级标准为根据排放污染物类型、数量以及单元内工业密度，将工业区分为微度污染区、轻度污染区、中度污染区、重度污染区四类，然后进行多因子叠加，建立基准模型。再通过其他修正性生态因子逐一叠加进行模型修正，得到最终区域生态矩阵分析图，如江

阴国家湿地公园规划设计中的区域生态矩阵分析图，以及最终区域生态矩阵分析图。

三、根据模型分析生态特征

通过景观生态学的相关理论对最终模型进行解读和总结，来确定乡村旅游空间景观生态格局以及生态保护措施是最后要完成的工作，包括从景观生态学"斑块、基质、廊道"的空间格局对斑块破碎度，基质与斑块的耦合关系以及斑块的发展趋势，生态高地与生态低谷的面积大小、分布情况，以及生态高地与生态低谷与河流、交通廊道的关系等[①] 进行分析。

---

① 邓晓磊，罗岱，李亚旭.智慧旅游背景下的乡村旅游生态服务系统设计[J].包装工程，2018，39（4）：199-202.

第五章　时空轨迹数据分析
与乡村旅游空间布局

　　在大数据智能化时代，移动互联网技术的飞速发展，以及无线传感器和定位设备的普及，使得时空轨迹数据呈爆炸式增长。

第一节　时空轨迹概念

一、时空轨迹基本定义

　　轨迹点：关于移动对象的每一次数据记录，成为轨迹点，表示为 $p=(x, y, t, s)$，其中，(x, y) 为经纬度坐标，t 为时间，s 为运动状态特征（速度、方向）与移动对象自身属性特征。

　　轨迹：运动对象的轨迹由时空轨迹点组成，同时该点还具有时间序列的特点。轨迹数据具有某些时间和空间位置信息，因此通常被称为时空轨迹。按时间顺序连接轨迹点以生成几何线，称为轨迹线或时空轨迹线。

二、时空轨迹获取与分类

（一）时空轨迹数据获取

　　时空轨迹数据采集技术主要包括以下三类。

1. 卫星定位技术

目前，全球导航卫星系统 GNSS（如美国的 GPS 系统和中国的北斗卫星导航系统）是室外空间应用最广泛的卫星定位技术。例如，滑行道和船舶航迹的 GPS 航迹就是利用 GPS 动态定位技术，连续采集数据并记录航迹点经纬度的位置、有关时间信息、高程等运动信息。然而，天气和自然等外部因素往往会干扰 GPS 定位精度。

2. 基于网络的定位技术

在移动通信基础设施的支持下，该技术通过不同的定位技术将移动终端定位在其附近基站的覆盖范围内。移动网络定位技术主要包括蜂窝小区定位法、A–GPS 定位法、TDOA 定位三类。

3. 感知定位技术

该技术以信号发射器和接收器为基础，能在短距离内快速完成信号接收和位置识别，包括 RFID、蓝牙、红外等高科技技术，其中，RFID 技术应用最为广泛。例如，通过 RFID 技术可以获取货物的流动轨迹数据。时空轨迹数据的获取方法可归纳为以下两类。

（1）主动收购。基于定位技术，移动对象主动共享空间位置和个人属性信息，主要分为两种：一种是通过社交网络的位置和图片共享获取的有关活动轨迹；另一种是在 GPS 出行调查的资料中，志愿者通过主动带有和使用定位设备收集位置数据，并填写日志数据、出行方式、目的地和个人属性等辅助信息。

（2）被动习得。移动对象无意中打开定位设备或使用定位服务公开其具有时空信息的活动轨迹数据，主要包括居民公交出行刷卡记录、用户刷卡消费行为等活动轨迹数据；此外，从轨道数据采集的专业水平来看，可分为专业采集和多源 VGI 采集。专业采集主要采用高度准确的定位设备获取特定应用目的弹道数据，如军事领域、无人驾驶、自动驾驶、卫星导航等。多源 VGI 方法是指某些非专业志愿者低成本的定位设备获取物体的时空轨迹。它具有低成本、高噪声、低精度的特点，如目前广泛使用的车辆轨迹数据、值机轨迹数据等。

（二）时空轨迹基本特征

时空轨迹不仅描述了运动物体的运动轨迹，而且细致地表达了运动的状态及其变化、行为意义、区域环境等信息。时空轨迹数据所包含的运动特征、时空特征、语义特征和尺度特征具有重要的挖掘价值。

1. 运动特征

（1）位移、速度、方向、旋转角度等运动特征是对运动对象运动物理信息特征的描述，这些特征信息被称为轨迹运动参数。运动参数分为瞬时参数和相对参数两种形式。位置、方向、速度三个特征是时刻存在的参数，被称为瞬时参数；在一个时间段内所产生的参数，如平均速度和曲率，都是相对参数。

（2）位置与距离。轨迹数据以经纬度坐标的方式唯一确定移动对象的空间位置。通过对空间位置坐标的计算和转换，可得到个体对象的移动距离，速度与加、减速度。速度体现对象的移动速度快慢、出行工具、交通环境特征等，对移动对象状态特点分析具有重要作用。而速度的变化体现为加速、减速，通过速度变换分析可探究轨迹是否停留、轨迹是否异常等运动模式。

（3）方向与转角。移动对象在运动过程中依照一定运动路径和方向变换。方向是指时间上邻接轨迹点之间的移动方向，并根据其与基准方向（如北）间的夹角来定量表示，又称方向角；转角即是移动对象在运动过程中方向的变化信息，通过计算连续轨迹点方向角之间的差值而获得。

2. 时空特征

轨迹数据是时空数据的重要组成部分，而时空特征是其根本属性特征。轨迹数据中的空间位置信息表征移动对象所在地理环境特征、移动目的等信息。时间特征主要包括时间点、时间段、时间间隔、时间周期等。时间信息是挖掘分析轨迹行为动态变化、地理特征过程演化的重要条件。时空轨迹数据的时空特征使得传统的地理现象的静态特征分析转变到动态交互、过程演变分析，其体现在时空格局、时空变异、时空演化等方面的过程机理分析。通过挖掘隐藏在轨迹大数据背后的人、地要素时空格局，获取要素对象的时空分布、驱动机制、影响因素等关联知识。在时空分异视角下，可探索要素对象在时空上的差异性、特质性，从而获取数据背后的差异原因、形成机理等深层次特征、知识。而在时空演化与动态过程视角下，能更好地展示要素对象的局部阶段属性、全局变化过程等信息，从而理解、总结其背后的变化规律、过程机理、驱动因素等基础性规律、知识，可深度揭示个体对象与地理环境的耦合关系及交互模式。

3. 语义特征

时空轨迹的语义特征指轨迹数据所对应现实地理世界中的概念含义。这些概念含义依赖于具体应用场景，并在更深层面上揭示移动对象的行为语义与地理环境特征。轨迹时空特征中包含的语义信息具有多样性，如对于居民出行轨迹，通常重点关注通勤规律、出行目的等；对于动物迁徙轨迹，则多关注其迁徙周期模式、自然地理环境对其生活习性的影响。语义特征按照对象差异可归纳为三类：一是时空位置语义，指通过时空众包、辅助数据等方式来理解时空轨迹中的重要地理位置、位置属性语义及其隐藏的领域知识。几何类型上包括兴趣点、兴趣区域、兴趣路径等。按照语义信息的变化差异，又可分为静态属性语义和动态隐含语义。对于静态属性语义多运用内部数据、人工标注等方法进行语义解释；而动态隐含语义多借助以往的知识、外部数据、运动行为分析等手段进行语义理解。二是对象行为语义，指通过对行为轨迹及其外部相关数据的挖掘分析来分析隐含的行为模式，理解对象个性化语义，推测活动对象主要意图。三是活动事件语义，指通过数据处理技术分析区域内用户对象相关的热点事件、行为事件在整个过程中的状态解释语义，主要包括事件的离线分析和在线检测两大内容。相比轨迹运动特征与时空特征，轨迹语义特征更加隐式，这需要对时空轨迹进行一定语义建模，并利用高效率的挖掘模型、算法提取隐含的语义知识，以完成时空语义理解。

4. 尺度特征

时空轨迹数据是关于移动对象个体、群体的时空状态信息的记录，其在空间、时间、语义、数量（个体与群体）上具有多尺度特征、异质性特征。

第二节 时空轨迹相关处理技术与方法

要从大量的时空轨迹大数据中选取潜在的、高价值的模式特点、知识规律，具有高效、稳定的时空轨迹结构化探究与处理技术是前提条件。时空轨迹数据结构化处理技术源于数据挖掘领域，按照数据挖掘流程，其关键技术主要包括轨迹数据预处理技术、轨迹数据存储管理与搜索技术、时空轨迹数据挖掘技术等。

一、轨迹数据预处理

（一）轨迹清洗

轨迹数据清洗包括坐标转换、异常点剔除、漂移检测移除、平滑降噪等。原始轨迹数据多为 WGS-84 地理坐标，在挖掘分析过程中，需根据应用目的将其转换为其他地理坐标或投影坐标。由于 GPS 定位误差、建筑物遮挡等，原始轨迹数据中包含轨迹异常、轨迹漂移。针对该类问题，多根据领域知识制定约束规则，进行启发式的轨迹异常剔除，如时间异常、范围异常、速度异常等。

（二）轨迹插值

针对时空轨迹数据采样稀少问题，需要对轨迹数据进行一定程度上的加密插值，主要包括线性插值、抛物插值、自然样条插值、拉格朗日插值、牛顿插值、基于概率预测模型的轨迹插值等技术方法。

（三）轨迹压缩

轨迹数据采样频率对其挖掘分析影响很大。对于采样密集的时空轨迹，其数据存储管理、检索计算和挖掘分析耗时且效率低。所以对时空轨迹数据进行压缩和简化非常关键。现有的轨迹压缩和简化方法可分为以下五类。

1. 离线式压缩

离线轨迹压缩对采样的历史轨迹数据进行批量压缩和简化，从而从数据全局角度获得最佳压缩效果，主要包括 DP（Douglas-Peucker）算法、改进的 DP 算法等。

2. 在线式压缩

在线式压缩针对实时采样轨迹数据流，轨迹采样和轨迹压缩同时进行。具有代表性的实时压缩算法包括滑动窗口算法、开窗口算法、阈值算法、SQUISH 算法等。然而，这种算法只关注轨迹数据的局部特征，很难使压缩结果达到全局最优。

3. 基于路网约束的轨迹压缩

大部分移动对象如车辆、行人等的运动受到路网空间约束，其轨迹距离度量应从欧式距离转换为网络距离，主要压缩算法包括 mMTC 算法、PRESS 算法等。该类算法的核心思想是运用动态的路网结构来描述动态轨迹数据，能显著减少轨迹数据量。

4. 基于运动特征的轨迹压缩

这类算法考虑了轨迹采样点的运动特征，如速度、方向、距离等，并根据特征量的重要性提取具有代表性的轨迹点进行存储，主要包括 US 算法、DP 算法、OPW 算法等。

5. 基于语义的轨迹压缩

航迹数据几何特征丰富，语义信息稀疏，难以理解数据背后的语义信息。因此，原始时空轨迹数据被转换成由具有停留区域和兴趣点等语义特征的语义点表示的语义轨迹。压缩后的轨迹在语义层面易于理解和分析，轨迹数量被显著压缩，但丢失了精确的空间位置信息。

（四）轨迹分割

在挖掘历史轨迹数据的过程中，需要将轨迹划分为多个子轨迹，以便于后续的处理和分析。轨迹分割大致可分为以下三类。

1. 基于采样间隔的分割

根据轨道数据采样间隔的大小，给出参数阈值，如果两个轨道点之间的采样间隔大于阈值，则在该点对轨道进行分割。

2. 基于轨迹特征的分割

轨迹数据包含运动物体的运动特征信息，如速度、方向等。设置不同的运动参数特征阈值，通过每个轨迹点的运动参数值对轨迹进行分割。

3. 基于语义特征的分割

根据轨道中包含的语义信息，通过停止/移动模型分割轨迹线。

（五）轨迹匹配

将采样轨迹的空间坐标映射到路网空间，称为地图匹配或轨迹匹配。根据轨迹匹配涉及数据信息的不同，匹配方法包括基于几何特征的匹配、基于拓扑信息的匹配、基于概率信息的匹配和高级匹配方法。根据匹配过程中考虑的采样轨迹点范围，可分为局部（增量）路网匹配和全局路网匹配。根据匹配轨迹采样特征的不同，可分为高频采样匹配和低频采样匹配。根据轨迹匹配的实时性差异，可分为在线匹配和离线匹配。作为轨迹挖掘的基础工作，GPS 轨迹匹配取得了很多高价值的成果。

二、轨迹数据存储管理与搜索

时空轨迹数据存储方式包括文件存储（如 Excel、txt、JSON、XML 等）、关系数据库（如 Oracle、PostGIS 等）以及非关系数据库。海量的轨迹数据和频繁更新的运动对象使得轨迹数据的查询和检索比传统的空间数据更加复杂，需要高效的索引和查询技术的支持。在传统数据库索引技术的基础上，已有研究提出了许多轨迹索引技术，包括网格索引、R-Tree 索引、TB-Tree 索引等。而时空轨迹数据查询主要包括时空范围查询、邻近查询、聚集查询、连续查询等。

三、时空轨迹数据挖掘

与传统的数据挖掘方法相比，移动对象的时空轨迹数据挖掘在数据处理、性能要求和挖掘结果的应用等方面有很大的不同。因此，高效的时空轨迹数据挖掘技术是轨迹特征模式发现和知识提取的技术基础。

（一）时空轨迹聚类

时空轨迹聚类通过分析轨迹运动、几何、语义等特征信息，度量轨迹之间的相似度，对时空轨迹数据集中相似度较高的轨迹进行聚类。时空轨迹聚类算法主要包括基于空间的聚类、基于时空属性的聚类、轨迹分割—组合聚类（局部子轨迹聚类）、不确定轨迹聚类、语义轨迹聚类、路网约束下的轨迹聚类、基于优化技术的轨迹聚类等。不同的聚类算法关注不同的航迹特征信息和应用情况，因此在实际应用中需要选择相应的聚类算法。

（二）时空轨迹分类与预测

时空轨迹分类是基于轨迹运动特征、几何形状特征、时空语义特征等的分类模型。使用机器学习等方法预测和推断轨迹类型，主要用于出行方式的分类和可疑车辆的识别。轨迹分类方法主要有以下三类。

1. 基于运动特征的轨迹分类方法

这类方法从轨迹数据中提取速度、方向等运动参数特征，建立分类识别指标，利用 SVM、决策树等方法对时空轨迹进行分类。但是它不能解决不同类型的轨道在特殊情况下具有相同的运动特性的问题，如轨道速度与交通堵塞时的行走速度大致相同。

2. 基于分类规则的轨迹分类方法

综合分析轨迹形态、时空特征等，找到识别轨迹模式的特征规则，建立分类模型，根据分类规则识别不同类型的轨迹。这种方法结合了运动特征、时间和空间信息，分类效果相对较好。①

3. 基于图像信号分析的轨迹分类方法

将轨迹数据转化为信号或图像，从中提取特征并建立分类模型，采用深度学习等方法对时空轨迹进行分类。然而，这种方法更注重轨迹几何，没有充分考虑时空维度的信息。

根据历史轨迹数据，预测和分析运动物体未来的空间位置、运动状态和行为意图，被称为时空轨迹预测。根据预测内容的不同，预测方法主要包括移动位置预测、轨迹预测、活动行为和事件预测。

（三）时空轨迹模式挖掘

个体、群体移动对象在运动过程中，存在较多有价值的隐藏在大数据背后的活动行为的模式和特征。利用高效的模式挖掘技术，从海量时空数据中发现潜在的、有价值的行为模式具有重要作用。模式挖掘包括两类任务：一类是基于时空轨迹几何估计的分组；另一类是给定轨迹数据库，检索与给定特征相似的轨迹模式。根据轨迹模式挖掘的不同内容，主要分为以下几种模式。

1. 轨迹伴随模式

轨迹伴随模式主要分析群体运动目标在一定时间和空间约束下的行为特征和规律，其代表轨迹模式包括群体模式、护卫模式、聚集模式、移动集群模式、进化护卫模式等。

---

① 王怡，卢琪玉，杨肖丹，等 . 基于时空轨迹记录和情感体验的旅游足迹照片集分享的系统设计与实现 [J]. 现代计算机（专业版），2017（18）：75-79.

2. 轨迹频繁模式

从海量数据中可以发现运动物体频繁重复的时间序列，可应用于旅游路线推荐、位置预测等，主要包括基于 Apriori 算法及其改进算法的航迹频繁模式挖掘、树形结构、聚类兴趣区域、航迹分割和路网匹配。

3. 轨迹周期模式

轨迹周期模式是指从运动轨迹中挖掘出的运动物体的周期性重复活动，如居民通勤出行、动物定期迁徙等，主要包括完全周期模式、部分周期模式、混合周期模式、同步和异步周期模式挖掘等，类似于频繁模式挖掘，二者在技术方法上有共同点。

4. 轨迹停留模式

运动轨迹中的停止点包含重要的语义特征信息。停止行为（停止 / 移动）由轨迹运动特征（如速度等）识别。提取停止区域并进行语义分析，从而了解移动对象的行为意图和活动内容。

5. 轨迹异常模式

时空轨迹数据集中存在一些不符合某一预期模式或与其他运动对象的行为特征有较大差异的行为模式，被称为轨迹异常模式。现有的航迹异常检测技术大致分为四类：基于历史航迹相似度的检测方法、基于分类的检测方法、基于距离测量的检测方法和基于网格划分的检测方法。

（四）时空轨迹语义挖掘

原始轨迹数据是以轨迹几何点的形式存在的，因为轨迹点本身没有语义信息，更难理解和分析轨迹，更难获取数据的潜在位置特征，这就需要对时空轨迹进行语义建模、语义分析和语义增强。轨迹语义挖掘主要有三种方法。一是轨迹活动场所语义分析，利用轨迹数据提取运动物体的活动场所，并根据其时空模式特征分析、推断场所语义。例如，车辆轨迹用于识别加油行为和提取加油站点的信息。二是基于 Stop/Move 模型，将原始轨迹转化为由 Stop 和 Move 组成的结构化语义轨迹，对语义轨迹进行语义分析和增强，揭示运动对象背后的行为语义。三是将 POI 数据、土地利用数据等其他空间数据与原始轨迹相结合进行语义分析，挖掘语义规则。

（五）时空轨迹可视化

可视化和可视化分析技术能够最直观地展现时空轨迹，表达轨迹挖掘的结果，便于深入分析、提取和表征数据背后的模式和知识。时空轨迹可视化技术大致可以概括为如下 4 类。

1. 原始轨迹数据直接可视化

原始轨迹数据直接可视化意味着不需要对轨迹数据进行深入的建模、计算和分析，直接绘制原始轨迹数据和基本属性，包括位置动画、时间轴可视化、时空立方体等技术。

2. 轨迹数据特征可视化

原始轨迹的直接可视化存在相互遮挡、视觉混乱等问题。

提取特征信息并可视化，主要包括轨迹数据的时间、空间和属性信息的组合可视化，OD 流的可视化技术。

3. 轨迹数据模式、规律可视化

将轨迹数据挖掘获得的特征、知识和模型可视化，集成各种可视化技术来直观地分析模式和规律。

4. 人机交互可视化及轨迹可视化系统

由于轨迹数据的复杂性，可视化分析过程需要多视图技术和人机交互技术的支持，将各种轨迹可视化技术与交互技术相结合，形成时空轨迹可视化系统。

（六）轨迹隐私保护

挖掘和分析轨迹数据，尤其是个人行为轨迹数据，必然会带来隐私被暴露的风险，如个人兴趣偏好、活动规则和场所、生活习惯等隐私信息。目前，轨迹数据隐私保护技术主要分为三类。一是基于虚假轨迹的隐私保护技术，通过添加一些虚假轨迹数据，造成原始轨迹数据的一小部分失真，以降低真实信息被泄露的风险；二是基于泛化的隐私保护技术，是指将原始轨迹泛化为没有隐私风险的模糊空间和匿名区域，如空间区域泛化，保护私人信息；三是基于抑制法的隐私保护技术，即在轨迹数据发布过程中不发布数据中敏感位置和频繁位置信息，实现位置隐私保护，多用于空间定位服务等领域。

四、其他处理技术与方法

时空轨迹数据的应用研究涉及不同的应用领域、不同的问题和不同的研究范式，需要结合相关领域的理论、模型和技术，便于深度挖掘和分析，主要包括计算几何模型方法、大数据处理技术、人工智能与深度学习技术等。

（一）计算几何模型方法

时空轨迹数据具有几何信息丰富和语义信息稀疏的特点，对其进行建模和处理的基础工作是细化轨迹数据的几何细节。计算几何模型，如 Delaunay 三角剖分和 Voronoi 图，作为空间邻域分析的有力工具和矢量几何细节建模的代表性模型，已广泛应用于空间数据建模、空间邻近分析、数据聚类等领域。目前，几何模型相关计算与时空轨迹数据建模过程紧密结合，并在路网精细建模与道路信息获取、轨迹数据滤选去噪、路网几何拓扑处理等方面发挥着独特功效。

（二）大数据处理技术

时空轨迹大数据挖掘面临着海量数据、异构多源、非结构化、需求多样化等问题，有必要采用大数据新技术来提高其挖掘和处理能力。目前，弹道大数据支撑新技术主要包括以下几类。

1. 轨迹大数据存储新技术

为了解决传统关系数据库在海量航迹大数据管理、高并发读写、扩展等方面的问题，NoSQL 非关系数据库技术已经成为轨道大数据存储管理的技术支撑，如 MongoDB 和 HBase 数据库。

2. 轨迹大数据挖掘新技术

结合大数据处理技术、平台和轨迹大数据，可以实现对轨迹大数据的高效处理、挖掘和分析，主要包括基于 MapReduce 模型的 Hadoop 分布式处理架构（如基于 Hadoop 的轨迹聚类和模式挖掘）、其他类似 MapReduce 模型的分布式处理架构（如 Spark 平台和 Storm 平台）、基于 GPU 的并行架构、高性能轨迹计算与可视化技术、新型量子计算技术等。

（三）人工智能与深度学习技术

随着人工智能和深度学习技术的兴起，相关技术开始在时空轨迹数据挖掘和处理领域得到应用，主要包括以下两个方面。

1. 基于深度学习技术的轨迹分类

利用卷积神经网络等深度学习技术对轨迹特征进行训练和学习，建立分类模型对时空轨迹进行分类。

2. 基于深度学习技术的轨迹预测

将卷积神经网络（CNN）、循环神经网络（RNN）等深度学习技术与多源时空轨迹数据相结合，建立时空预测模型，对个体活动意图、交通流量和群体事件进行预测分析。

第三节　时空轨迹理论模型

时空轨迹大数据作为一种新的数据源，已经成为计算机科学、人类社会学、复杂网络科学、地理信息学、生态学、交通科学等相关学科的重要研究内容，并在相关领域建立了一系列与时空轨迹相关的理论和模型。

一、运动空间与运动概念模型

运动是所有生命的基本特征，是跨越多个时空尺度的过程表示，而时空轨迹数据是与运动物体相关的运动信息的数字技术记录。轨迹运动信息记录和分析的前提是建立运动空间模型和运动概念模型来表达运动过程。

（一）运动空间模型

作为运动物体运动的空间，运动空间制约着运动物体的运动路径、运动范围、运动距离及运动的全过程。

（二）运动概念模型

运动概念模型是对轨迹数据分析的一个基础，主要由4部分组成，包括外部因素、内部状态、运动路径、运动参数特征。其中，外部因素是指移动对象运动的地理环境以及影响其运动的环境要素，如气候、道路、交通工具等。内部状态是移动对象的生理特征，如运动能力、意图等。运动路径则是移动对象在运动过程中产生的移动路径，分为连续路径和离散路径。连续路径是记录移动对象的细粒度移动信息，如飓风移动轨迹；而离散路径尺度更加粗略、语义化，如将原始轨迹转换为由移动对象停留构成的语义轨迹。运动参数特征主要包含运动能力、轨迹运动特征参数（速度、方向等）、移动对象时空信息等。以上4部分的内容之间也相互影响、相互关联。现在地理信息科学领域也提出了一系列运动概念模型，如以时间移动对象群体为基础的运动行为建模、利用时空棱镜的运动建模、以轨迹移动特征为基础的运动行为建模、以地理学与行为地理学为基础的运动建模等。

二、时空数据与时空地理信息（GIS）模型

时空轨迹数据挖掘与分析的前提是通过建立高效的时空数据模型与时空轨迹模型，对轨迹数据进行高效的组织管理、建模表达。如今社会已经出现了大量的时空数据模型及其融合扩展模型，依据数据模型的目标对象差异，总体上可分为"时态快照类模型——着重描述时态对象时态变化""事件活动类模型——着重描述实体对象变化语义关系""信息对象变化模型——着重描述实体对象变化前后的关系特征"三类。其中，不同类型的模型中又包含不同的时空数据模型，如表5-1所示。

表5-1　时空数据模型分类

类别	时空数据模型
侧重记录实体时态变化的时态快照类模型	序列快照模型、时空立方体模型、基态修正模型、时空符合模型、第一范式关系时空数据模型、非第一范式关系时空数据模型、离散格网单元序列表模型
侧重表达实体变化前后关系的信息对象变化模型	基于事件时空数据模型、时空三域数据模型、基于图论时空数据模型
侧重描述实体变化语义关系的事件活动类模型	基于特征时空数据模型、面向对象时空数据模型、面向过程时空数据模型

依据移动对象的几何特征差异可将移动对象分为三种：移动点、移动

线、移动区域对象。移动轨迹数据是一种时空数据，在时空数据模型基础上提出了系列轨迹数据模型，分为连续模型和离散模型两大类。连续模型是用无穷的轨迹点集合尽可能详细地刻画表达移动轨迹，如基于线段的轨迹表示、基于曲线的轨迹表示。连续模型能够精确地记录移动对象运动信息，但其存储、管理、查询、可视化的速度较低，带来较大数据的重复。为了解决数据重复采样记录等问题，提出仅利用少量或有限数量的轨迹关键点来刻画表达时空轨迹，就是离散模型。

三、时间地理学

地理学对个体对象活动行为的关注最早出现在时间地理学领域和行为地理学领域。时间地理学是分析个体、群体行为活动数据的有效方法，并与时空地理信息相结合，为移动对象的活动行为、时空轨迹研究构建了理论框架，提供了有效的数据表达与分析环境。

四、行为地理学

行为地理学的产生源于地理学和行为学的交叉，其主要包括行为过程和行为空间两大部分。行为发生前的反应，包括对环境的感应、认知、映像、决策等一系列活动，被称为行为过程。当经过行为过程阶段后，则会表现出一定的行为活动，而行为活动必然涉及空间，即行为空间。时空轨迹数据正是对个体对象的活动行为和活动行为空间的精细记录。例如，时空轨迹数据记录的位置信息中包括人们日常工作、生活、学习等的直接行为空间，同时包括社交网络行车的虚拟间接行为空间。例如，大数据时代，多源的人类活动大数据（轨迹数据、文本数据、照片数据等）会为行为地理学理论方法研究带来更多新的机遇和挑战。在研究内容上，从时空行为的角度来看待社会公平、社会变迁等社会空间维度问题，并将其扩展到人类健康、出行行为、污染暴露等时空维度问题。在研究数据方面，手机、车辆轨迹、个体行为轨迹等海量人类活动数据为空间行为研究提供了多时空尺度、高精度的数据基础。

第四节　时空轨迹数据与乡村旅游空间布局
——以广水市油榨桥村为例

　　数字乡村战略是实现农业和农村现代化进程的重要支撑，它给传统的乡村带来了新的机遇，将数字科技、城市智慧旅游延伸到乡村。然而如何解决数字乡村和智慧旅游相融合的问题？如何帮助乡村旅游规划，开创城乡一体化经济的新局面？数字技术为乡村空间设计开辟了新的阶段和方向。本节将研究行为轨迹数据及智慧化的技术如何融入乡村空间设计中。

　　乡村是国土中重要的不可分割的一部分，以乡村旅游带动乡村发展已经成为带领乡村脱贫致富的重要手段之一。而乡村旅游规划设计不同于城市规划，在完善农村功能和合理布局的基础上，需要考虑农业发展的可持续性和乡村景观布局。随着智能终端的高速发展，以 GPS 导航仪和智能手机 App（特别是运动健康类）为首的位置服务（LBS）智慧终端，不仅方便了大众的出行，而且为时空行为规律的研究提供了有关数据支持。

　　对游客行为特征的分析研究是景观设计最主要的依据之一。相比于现场调研和调查问卷这种运用最为广泛的信息收集方法，运用时空行为轨迹分析的方法在时空中更具有连续性和可靠性，并且在行为特征上解释旅游者行为特征具有更加明显的优势。通过邀请游客携带专门的 GPS 记录仪的方式获取其旅行的时空行为轨迹，关美宝等学者将其和时间地理学结合，将人类行为模式进行地理计算和地理可视化；对于大量的游客 GPS 数据，Orellana Daniel 等国外学者提出以 MSPs 模式和 GSPs 模式两种模式进行分析，其中游客停止移动、感兴趣的地方代表 MSPs 模式，而游客游览的地点的一般顺序表示 GSPs 模式；而黄潇婷等学者在使用 ArcGIS 技术对 GPS 轨迹点实现时空路径的三维可视化的基础上提炼其中的路径长度、游览时间、游览速度、覆盖面积等进行评价分析，黄潇婷在另一篇中提出了"旅游情感路径"（TEP）的概念，以研究旅游者旅游体验情感的黑箱。

　　本节从环境行为学出发，以广水市城郊油榨桥村数字乡村为例，通过利用与手机有关的运动轨迹记录软件，对居民和游客在区域内行为和活动轨迹进行记录与跟踪。通过对轨迹数据的合理收集、分级筛选、具体整理以及运用运动 GIS 等相关技术，对有效数据进行了高效的统计和分析。最后，综合现场调研和调查问卷的情况，从多方面对油榨桥村空间维度的使用情况进行了全面化建设分析。

一、油榨桥村项目整体概况

（一）村庄概况

油榨桥村位于广水市城郊办事处正北面，十马公路由村委会办公楼前自东南向西北方向穿越村域，而村委会距离十马公路与平伏公路交叉口约 5 千米。油榨桥村的北、东、西三面均与关庙镇行政村相邻，现有自然湾 19 个，2286 人；村域面积 4.8 平方千米，呈南北向，北高南低，中间低，东西两侧高，丘陵地形明显。通村公路完成度较高，部分受沟渠塘堰限制，还没有完全相通。村境内生态环境、自然景观良好，水资源丰富，是个生态型的山区村庄。

（二）村庄历史沿革

油榨桥村因村口桥旁有原生态的榨油坊而得名，桥被命名为油榨桥，由涂家店、李家湾、朱家湾、乐家坞、粉铺湾、庙湾、陈家湾、狗屎岗、应家湾、陈家湾、杨家咀、黄家湾、刘家湾、汪家湾、罗家湾、冷井冲、曹家湾、熊家湾等组成。

二、油榨桥村项目空间现状

（一）优势

1.区位交通优势

十马公路从村庄通过，为村庄今后的发展带来了交通上的便利。油榨桥村比邻应山城区，仅 10 分钟车程，处在日游览线的范围内。

2.自然风光秀美

油榨桥村塘堰、山丘众多，身处绿水青山的环抱之中，山清水秀，如诗如画，为美好村庄环境的营造打下了良好的物质基础，也为休闲观光农业和乡村旅游业的发展创造了良好的条件。

3.文化遗迹

茶马古道旧路沿油榨桥村通过，是新四军激战地、皇城观旧址、私塾旧址。传统榨油模式的体验式恢复，有一定的人文历史资源价值。

4.村庄建设初见成效

经过近几年的建设，油榨桥村的基础设施和面貌都得到了一定的提升（如给水工程全部完成，排水工程已经在几个大的自然村完成了，电力线改造全部完成，增加了部分休闲健身设施的配置，村内道路大部硬化，等等），为美丽乡村的建设打下了良好的基础。

（二）劣势

1.农居布置较为杂乱

油榨桥村自然湾落多，农居建设散乱，新、旧建筑混杂，且风格不统一，显得较为凌乱、不整洁。

2.村庄内部空间有限

农居点建筑布局普遍较为散乱，建筑平均间距小，内部空间十分有限，可供建设的闲置土地较少，缺少大型的休闲点和景观设施建设用地。

3.公共服务设施和基础设施需要改进

村内连接各自然村的道路等级低，通行能力差，需要拓宽和改善；缺乏公共休闲场所、活动中心和旅游配套服务设施；公厕、路灯、垃圾桶、污水处理池等基础设施配备不足。

三、基于时间空间行为轨迹的研究方法

（一）时间空间行为轨迹数据分析

1.活动轨迹数据获取

当地志愿者或受邀游客是主要研究对象，笔者团队在他们的智能手机中安装运动App，收集并记录活动GPS轨迹数据。这一类轨迹数据的生成过程为，人类在日常生活中，利用手机内置GPS进行空间定位，运用手机安装的App软件自动记录其移动位置信息，然后，再根据意愿把其记录的个体活动轨迹数据上传到Web网站、社交平台（如微博、论坛、博客）等进行存储、管理、可视化，并设置其隐私状态，决定是否共享。对于非共享数据，仅上传用户自己可以查看、获取；对于共享数据，公共用户则可依据共享权限去查看、获取、使用时空轨迹。

对于共享数据，其获取方式包括三点：一是直接利用 App 软件自带功能导出结构化的个体活动轨迹；二是通过网络机器人或开源接口从非结构化的网页中获取所需要的活动轨迹，组织为结构化的个体行为轨迹数据集；三是从轨迹文件中获取用户行为的基本信息，包括行走路径长度、行走速度、通过时间、停留位置等。将轨迹文件导入 ArcGIS 等轨迹处理软件中，再将多个轨迹数据进行叠加和分类，最终进行行为模式的分析。

2. 人类活动轨迹数据类型

依据人类活动空间差异，可将轨迹数据分为室内和室外活动轨迹数据、赛博空间活动轨迹数据。室外空间主要以 GPS 定位技术为基础，利用移动终端设备采样活动轨迹；室内空间主要以感知定位技术（如 Wi-Fi 定位、红外定位）为基础采样活动轨迹；在赛博虚拟空间中，主要以网络定位技术等为基础记录其活动轨迹。依照人类活动类型差异，可以分为出行类活动轨迹、生活休闲类活动轨迹、社交类活动轨迹等。按照数据采集的专业性与目的性差异，可将轨迹数据分为众源地理数据和调查日志数据。

3. 人类活动轨迹数据特征

人类活动轨迹作为一种典型的众源地理数据，相较于常规时空轨迹数据，由于它的采样方式、采样设备、采样范围、采样目的、采样对象等的不同，使其具备一些特有的数据特征，主要体现在以下几个方面。

（1）数据基础特征。活动轨迹数据作为时空轨迹的重要类型之一，具有运动、语义、尺度（粒度）、时空等轨迹共性特征。该研究以自然人的活动 GPS 轨迹为采样对象，以志愿者用户的采样分享为采样方式，以移动终端与 App 软件为采样设备，采样时间间隔设置在 1—10 s，定位误差在 10—30 m，属于高频率的采样轨迹。

（2）数据品质特征。硬件设备的差异、环境特征的差异、个体行为的不确定性等因素会出现偏差，因此，在人类活动轨迹数据的挖掘和处理过程中，多种不同来源的异构活动轨迹数据中的数据分布与数据品质的时空异质性问题需要综合分析。

（3）数据偏度特征。利用传感定位设备可采样记录高精细分辨率的不同个体行为轨迹数据，实现采样目标的样本"超覆盖"。相较于传统小数据样本，人类行为轨迹大数据在时空广度、时空密度等方面有明显的优势，但它的数据偏度特征也饱受争议，主要表现在行为大数据在时空、属性等方面存在偏性。在数据内容上，该研究的活动轨迹数据更加偏重人类休闲运动活动轨迹的记录采样，而个体对象的属性数据缺失严重。因此，从有偏性的活动行为大数据中挖掘出的知识和规律是否具有代表性、是否存在偏见等问题值得注意。

4.时空人类行为轨迹分析思路

（1）游客、居民时空行为轨迹对比分析。分别对游客和当地居民的行为轨迹进行收集和分析，寻找两者之间在空间使用上的矛盾，以油榨桥村为例，寻找矛盾点并提出相应的优化策略，基于矛盾点和优化策略进行有目的的景观设计。

（2）最美游览路径分析。在解决居民和游客空间使用矛盾点之后，分析游客的时空行为轨迹，尤其关注游客最多行走路线、最多驻足欣赏的区域等，并结合调查问卷等手段搜集当地景点的历史文化信息、最美景点区域等，以油榨桥村为例，为游客推荐、提供最美的游览路线

（3）分类规划旅游设计分析。从年龄的角度对游客进行分类，联合国世界卫生组织提出的年龄分段为三种年龄段，即44岁以下为青年人，45岁至59岁为中年人，60岁以上为老年人。分别分析各年龄段特点及时空行为轨迹路线，根据不同年龄段游客的游玩路线开设不同类型的旅游设计。

（二）调查问卷和现场调研

调查问卷和现场调研是旅游景观设计最主要的信息采集方式之一，并且本节中将该方法采集的结果作为主观的补充，以弥补时空行为轨迹数据在人文历史、风土人情等数据上的不足。因此，采取调查问卷和现场调研的方法对油榨桥村当地居民的日常生活情况、年龄分布、历史文化、民风民俗进行数据收集，同时结合居民的时空行为轨迹，更加全面地对油榨桥村当地的情况进行剖析，从而在以轨迹为基础的客观角度进行主观优化策略的设计和制订。

（三）基于时空行为轨迹的研究方法

1.集中指数和峰值指数

在比较游客与当地居民时空行为的时间特征方面，首先，按照月份对游客和当地居民的出游时间进行划分，初步统计出不同群体在季节层面的时空行为偏好；之后，考虑到国内假期对群体行为的影响，分析游客和居民时空

行为的时间特征。

2. 人类社会网络分析法

在比较旅游者和居民时空行为的空间特征方面，运用人的社会网络分析方法，探索旅游者和当地居民时空行为的一般规律。根据景区在人们出行轨迹中的"共现时间"，分别描述和生成了居民和游客的时空行为网络。"共生"是指两个或两个以上景点的现象出现在同一个人的样本中，这表明一些景点可以支持同样的旅游，同时也表明，这些景点的一些元素形成一定的相关旅游路线的选择。"共现"是指同一个人对两个或两个以上景点发表评论的次数。共现数越高，说明这些景点与游客的行程关系越密切。将景点设置为网络的"节点"，用户评论的景点总数为节点权重。节点越大，游览景点的人越多。将用户播放轨迹中各景点之间的共现设置为网络的"线"，并将共现次数作为线的权值。不同景点之间的线越粗，两个景点的共现性越强。为了降低网络的复杂性，笔者团队以路线的平均权值为阈值，删除网络中低于阈值的路线，最终生成游客和居民的游憩网络。

四、油榨桥村时空行为轨迹数据结果分析

（一）居民游客行为轨迹矛盾分析

通过手机 App 智能终端收集游客旅游时空行为轨迹信息 200 条，当地居民时空行为轨迹信息 200 条，观察其空间分布特点，发现在进行道路规划之前，游客在村口停滞时间长，原因是缺少公共停车场和村内道路宽度不够，出入错车困难，以及公厕数量不够，造成长时间等候。

在茶园区域和果园区域，居民的时空行为轨迹与游客的时空行为轨迹交叉频繁，空间运用矛盾最为严重。在对居民的调查问卷和现场调研中发现，目前村内生猪养殖、黄牛养殖以散养为主，导致居民时空行为轨迹较为杂乱，并且在居民生活和劳作区域内，游客任意采摘、踩踏、破坏作物，导致些许耕地养殖场的环境受到了破坏。上述几个区域中包含茶马古道，这是景点的必经之路，并且游客在该区域停留的时间较长，因此判断茶园区域和果园区域是矛盾影响最为严重的区域，对此提出空间优化和指导的对策。

空间优化对策：分点规划生态公共停车场，满足游客停车需求。改造村内机动车道。重点改造提升太空莲和茶园，将单一的山地改造成多功能的观光

茶园和果园，构建农业生产和旅游休闲并驾齐驱的空间格局。另外，选择离村庄、水系较远的山坡地建设集中养殖区，做污水处理。

（二）最佳游览路径分析

最佳游览路径的推荐从三个方面考量：一是通过游客轨迹密度计算出"热"度；二是途经景观的可欣赏度；三是游览路程长度，也就是用有限的时间看更多的美丽景点。结合油榨桥村整体的地理空间分布、主要的历史文化景点分布、游客最常游玩的轨迹路径，推荐以休闲观光农业结构的"一轴、两片区"进行游览。其中，"一轴"为交通发展轴（古茶马古道），该轴联系十马线两侧，是油榨桥村现代农业产业发展的交通主轴线；"两片区"是指休闲旅游片区和太空莲片区。充分挖掘生态、自然与环境的外延功能，使农业生产和教育、农事参与、旅游度假有机结合起来，给游客提供一个春天踏青、夏天郊游、秋天采摘、冬天观景的最佳游览路线。

（三）基于年龄分类和旅游设计分析

对于收集的游客的 200 条行为轨迹数据，通过对短时间行为轨迹的密度及停留时间的计算，可以得到村内景区空间各个位置的活力差异和热度。参考世界卫生组织的年龄划分标准，将游客分类为青年人、中年人和老年人。老年人对历史文化更为看重和享受，因此，将老年人最常行进的轨迹设定为文化游览路线，以太空莲文化广场、主题展示馆、观光茶园为主线。而青年人和中年人更看重自身的休闲、娱乐和享受，因此，将中青年最常行进的轨迹设定为娱乐游览路线，该路线更偏重休闲美食购物倾向，分布在黄家湾、汪家湾的农家乐内部，采莲码广场，老油榨桥附近，皇城观广场，风情购物商业街，以及太空莲交易市场。

数字乡村空间设计是一个复杂而庞大的系统工程，它需要在传统设计方法的基础上融入数字信息。在油榨桥村的空间环境调查中所使用的时空轨迹数据分析方法，直观而且客观地反映了游客与当地居民活动的规律、分布特点、行为特征。时空行为轨迹数据分析作为一项不断革新的采集数据手段，通过它信息真实、实时、覆盖范围大等优势，在很大程度上可以弥补传统调查方法获取行为数据的模糊性，能够提供实时、准确、丰富的各种信息，在数字乡村空间设计中发挥了很重要的作用，所以采用时空行为的轨迹数据并结合传统调查方法将会成为人类环境行为研究的重要方法。

第六章　无人机遥感技术
与乡村旅游空间布局

第一节　无人机遥感系统与文档对象模型成图技术

一、无人机低空遥感系统

（一）无人机低空遥感技术简介

无人机低空遥感系统的主要组成部分包括无人机、无线电遥控、自航仪和图像传感器。无人机低空遥感系统具有成本低、携带方便、机动性强等特点，它可以快速、高效地获取高分辨率遥感图像，然后使用专业的摄影测量处理软件生成 4D 产品。总之，无人机低空遥感系统是一种融合遥感科学和卫星导航等高端技术的新型测绘技术，能够快速、高效地处理无人机遥感数据，具有实时监测能力。无人机低空遥感相较于卫星遥感等其他常规航摄系统具有以下优点。

1.机动性、灵活性

无人机体积小、重量轻，可以利用车辆快速到达指定地点，对起降地点的要求较低。基本上，它可以在任何时候在相对空旷的地方起飞，既能满足应急测绘要求，又能及时获得指定区域的地理信息数据，便于相关部门及时处理，并避免用户直接进入危险区域，安全也有保障。

2.能够快速获取高清遥感影像数据

无人机低空遥感系统可配备多种传感器，获取多光谱、高清晰度遥感数据，根据低空飞行的要求设置不同的高度，可以获得厘米级的遥感图像。此外，经过内部处理，可以制作出大比例尺、高分辨率、高精度等多种数字地理信息产品。如果配备多镜头数字成像设备，可以具备斜向成像的技术能力，专业软件可以生成三维地图。

3.成本低、安全可靠

无人机本体主要由复合材料组成，生产成本非常低，因此，一般领域的测绘公司基本上都能负担得起无人机的生产。如果无人机的某些部件由于不可抗因素而损坏，也可以直接更换部件，成本低。在高危环境下，测绘人员可以安排无人机飞进区域进行勘测，确保测绘人员的人身安全。在内业的数据处理方面也可以节省成本，普通配置的计算机利用专业的软件就可以完成数据的处理生成。

综上所述，无人机遥感与卫星遥感、大型飞机航拍相比，具有显著的技术优势。然而，无人机在大风、暴雨、大雾等极端天气下无法正常工作，影响项目生产。

（二）无人机低空遥感系统的构成部分

无人机低空遥感系统主要包含三大组件：保证无人机飞行的硬件、负责数据收集的遥感设备和地面测绘人员运用的监控设备。

1.无人机飞行硬件

无人机飞行硬件主要由无人机机体、发动机和自动驾驶仪构成。用于项目生产中的无人机一般续航时间大于1.5h，载重大于2kg。

2.无人机飞行控制系统

控制无人机飞行的部件即无人机飞行控制系统，该部分一般包括飞机自航仪、GNSS导航仪和用于检测无人机空中气压和速度的传感器。自驾仪可以在无人机飞行时自主控制飞机的飞行状态，保持飞行参数，以满足拍摄的影像要求，并确保无人机能实时接收地面监测站的遥控指令。[①] 安装在无

---

① 车彦卓，刘寿宝.探析无人机低空遥感技术与人工智能技术融合发展 [J]. 中国安防，2021（4）：34-38.

人机上的 GNSS 导航系统会自动记录无人机的地理位置，包括无人机姿态数据也会被记录。无人机可以根据 GNSS 导航系统记录的数据建立航带，并对其进行快速地处理。速度传感器可以实时监控无人机的速度，避免过高或过低，保持其正常飞行。

3.无人机地面监控系统

无人机地面监控系统主要由三个部分组成：地面监控软件、无线电遥控器、信号接收机。

无人机飞行之前必须根据项目的需求设计飞行路径，然后地面监控软件发挥功能，它可以根据设计范围、重叠程度、侧向的重叠度、航带的设计路线实时准确地显示飞行状态。

4.无人机遥感设备

无人机上常用的遥感设备主要是非量测数码相机，由于其成本低，在航测作业中，需要在使用前进行验证。

与量测型数码相机相比，非量测型数码相机更便宜、体积更小、携带更方便。非量测型数码相机在应用于某一工程之前，必须经过专门的检验和验证才能使用。

（三）无人机影像获取流程

本研究采用 DB-Ⅱ无人机，运用的遥感设备是 Nikon D810 数码相机。无人机在施工现场航摄流程如图 6-1 所示。

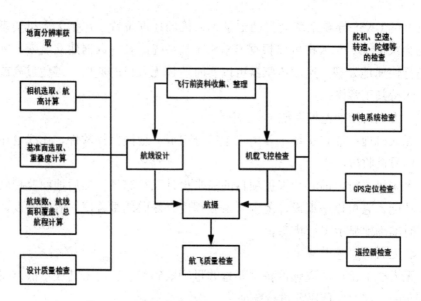

图6-1　无人机低空遥感系统影像获取的总体流程

1.航线设计

由于航程限制，无人机进行项目工作时一般都是分区进行小范围的拍摄，进行航线设计前需要知道拍摄区域四个角的坐标和平均高程。

2.低空航摄实施

在无人机组装和检查完毕之后，可以根据气候情况和航空管理情况，选择合适的飞行时间进行工作。

二、DOM 成图关键技术

（一）施工场地图像控制点测量方法

首先，获取测量区域控制点的坐标和标号，计算坐标系与目标坐标系之间的转换参数，然后测量图像控制点。图像控制点和布局点应尽量安排在照片重叠的地方，其具体的选择规则将在后面的实验部分详细列出。

（二）数据处理

1.畸变差改正

由于无人机低空遥感系统使用的是非量测型数码相机，该相机在组装过程中都会存在残差，对镜头会造成畸变，理论像点位置和畸变图像像点位置存在微小的偏差，包括径向、偏心畸变，因此，为了得到准确的内方位元素，必须对每台相机进行检校。[①]

2. 金字塔图像

在匹配连接点时，为了更好地进行匹配，必须先生成金字塔影像，这是一种自上而下、由粗到细、逐级细化的金字塔影像分级匹配策略。这种自上而下将原始图像逐级分成不同分辨率的子图像组成的图像为金字塔影像，一般自上而下分辨率逐级升高，处理数据时会逐级匹配连接点。这样的好处是在显示匹配情况时可以分级显示，降低了对电脑配置的要求，也从宏观到微观匹配，匹配的效果精度好。

3. 无人机图像匹配

无人机图像匹配是通过计算机编程计算出图像的合理算法，并识别出两幅或多幅图像的同名点。计算应该首先选择一个初始点的形象，以初始点为中心的小区域的图像信号，通过相应的数学算法，在影像的其他区域寻找与这个点相似的影像信号，这个与其影像信号相似的点就是初始点的同名点。

4. 对影像进行光束法区域网平差

空中三角测量加密，是内业进行数据处理的主要内容，提取加密点的质量会影响到最终结果。空中三角测量加密是指匹配多张图像上的同名点，再根据少量已知控制点坐标，利用数学原理求解其他加密点坐标的过程。

5. 数字高程模型

数字高程模型（DEM）是基于有限的地形高程数据对地形的数字表示。数字高程模型一般可以从施工现场的实际测量中获得，也可以从管理工作中的数据处理中通过专门的软件基于空三加密进行插值得到。

6. 正射影像

正射影像（DOM）利用 DEM 对获取的图像进行数字技术处理，然后通过像素对投影差值进行校正，再根据国家地形图地图规范进行切割，最后生成正射影像相关数据集。航空飞行获得的地面图像需要通过照片校正将其转化为正投影，以保证其不随真实地面变形。

---

① 程远航.无人机航空遥感图像拼接技术研究[M].北京：清华大学出版社，2016：121-125.

第二节 试验区概况数据获取与处理

一、研究区域概况

（一）地理概况、规划范围

盘古庄园的地理位置在河北省保定市西部顺平县大悲乡富有村东部，面积 577hm²，西部有唐河穿过，盘古小江南风景区与之相邻。庄园东临盘古村，西接富有村，北靠黄岩村，南接安子村；东西最长约 3500m，南北最长约 3800m。该区在河北省山岗薄地以及整个太行山余脉都具有典型的代表性，如地形、植被、气候，以及传统的种植模式、产业结构和农业经济基础，其项目开发建设的示范性极强。

（二）地形地貌概况

盘古庄园处于低山丘陵区，地势西北高东南低，最高海拔高至 620m，最低海拔低至 180m，其中东部地势相较于其他地区更为平坦，区域内有 4 条由北向南延伸的沟壑。

（三）气候概况

该区的气候属于暖温带半干旱季风区大陆性气候，四季分明，春天少雨多风，夏热多雨，秋天晴朗明净，气候凉爽宜人，冬天寒冷少雪；年平均气温为 12.2℃，天气最热的月份为 7 月，平均气温为 26.5℃，天气最冷的月份为 1 月，平均气温低达 -4.5℃；日照较为充裕，全年日照时数达到 2522.4h，作物生长期间日照时数达 2029.7h，占全年日照总量的 80%；年无霜期大约为 195 天。

（四）资源概况

该区域的第一产业是以养殖业、经济林、生态涵养林为主的生态循环农业，在此基础上发展并推动休闲旅游业，关联周边乡镇，从而促进总体区域经济。开山造地 4km²，种植经济林和涵养林。现有生态涵养林 1.76km²，经济林果林 2.15km²，其中核桃种植 1.33km²、苹果种植 0.8km²、梨种植 0.02km²，果园和山地种植地全部都实现了自流灌溉。

二、研究区旅游特征

盘古庄园地处太行山区，因此庄园内部地形的起伏变化较大，使其有着与平原休闲旅游截然不同的特征。

（一）空间环境的多样性

盘古庄园错综复杂的地形特征，营造出了一种完全不同的空间形态，同时与区域内起伏崎岖的山体、丰富多彩的植被、休闲惬意的田野等景观要素相结合，形成了多种不同围合度的空间环境。从山谷到山顶，空间环境由封闭向开敞过渡。在一个封闭的环境中，景观与游客非常接近，各种各样的风景一一展现在他们面前，让人感觉更加亲切；而当游客在空旷的地方停下来，眺望远方，周围的美景尽收眼底，心情自然会放松下来。

（二）景观层次的丰富性

盘古庄园依山而建，由于高程、坡度、坡向的影响，整个园区内的温度、日照、降水产生了差异，使得园区内形成了各种不同的微气候，增加了自然资源的多样性，丰富了植物群落结构，使其带有明显的垂直特征。在园区中建设了"山林密林、坡地绿草、河谷农田"。规划设计时尽量使园区内点缀着各色景观，增加了园区中景观层次的丰富性，也丰富了游客的体验。

（三）生态环境的脆弱性

尽管园区的休闲旅游相较于平原地区有空间环境多样、景观层次丰富等优势，但因为地形地貌的多变、自然资源的复杂，也造成了生态环境更加脆弱。在规划建设休闲旅游业的过程中，必须避免破坏原本和谐、稳定的生态环境，避免引起水土流失、山体滑坡、泥石流以及其他次生灾害，保护原有生态环境是开发、利用景观资源的大前提。

三、数据预处理

（一）数据采集

1.明确飞行任务

通过在无人机专业网站上的查询，盘古庄园所在位置不属于无人机禁飞区和限高区，因而无人机可以正常地在空中飞行。在休闲旅游规划设计中，需要收集此区域的高精度数据，并结合 GIS 软件，快速获得一系列专题图像，如土地利用现状图、高程图、坡度图、坡向图等，提供研究区各项指标来进行科学分析，对该地区的休闲旅游计划做出科学、系统的规划布局。

2.设计航飞方案

本次实验选择的是多旋翼无人机平台，速度 50—72km/h，单次飞行时间在 30min 以内，搭载高清摄像机。选取的飞行测量区就是盘古庄园约 5.77km² 的区域，其位于太行山脉东麓，海拔差异较大，为 190m—600m。总共规划 12 次航线，东西向 6 次，南北向 6 次，将起飞位置设在 6 个海拔相较高的不同地区，南坡与北坡各 3 个。根据《低空数字航空摄影规范》对无人机的飞行质量和拍摄的影像质量的要求，本次飞行照片的重叠度设定为航向重叠度 85%，航速 60km/h，相对航高 30m。

3.数据获取

选择晴朗无风的时候进行无人机的飞行作业，以确保飞行任务的安全进行。在规划区实际飞行 10 次，共获取 1000 多张航片，用手持 GPS 仪器在规划区测得 12 个点的坐标，以备后期内业工作时进行比对。

4.结果评价

对比无人机的影像图与传统卫星遥感的影像图，发现研究区的影像在时间上发生了变化，各节点位置也发生了变动，影像比传统卫星遥感影像更加清晰，充分展现了无人机影像图具有实时性和高精度的优势，使采集的信息更加准确。

（二）数据提取

（1）DEM 数据是用于地理空间定位的采集数字数据的集合，而获取该数据为后续的 GIS 空间处理提供基础数据。

（2）根据 DOM 影像图结合 GPS 场校正得到相应的土地利用数据，然后将数据导入 ArcGIS10.0 进行矢量化，构建土地利用分类体系。公园特征可分为耕地、森林和草原、建设用地、裸地。[①]

（三）基本图件

1. 道路设施

园区内主要道路为水泥路，已实现田间路网，总共 15km，其中水泥硬化路面 2km。

2. 水质管理设施

园区设置水管总长 4.5km，引唐河水。在园区内钻深井 12 口，建 50m³—100m³ 水库 27 座，铺设输水管道 29km，从而实现果园、山地植物的全面自流灌溉。

第三节　模型构建与试验区评价

一、研究思路和评价指标的选择

（一）研究思路

结合层次分析法和 GIS 空间分析，并将其应用于规划区的空间布局分析研究中。首先，按照评价指标选取的原则，从地形地势、场地条件、自然资源三个方面建立评价指标体系；其次，结合专家构建判断矩阵评分，确定各指标因素的权重；再次，根据评价标准对每个单项因素进行量化，给出相应的评分分数，并利用 GIS 的空间分析对每个单项因素进行处理，得到相应的地图；最后，将分层分析过程中得到的权重与 GIS 的重叠功能相结合，进行加权重叠处理，得到综合分析结果。

---

① 谭金石，祖为国，刘丽.无人机低空遥感在复杂山地森林景区实景三维构建中的应用——以南岭国家森林公园为例 [J].林业与环境科学，2021，37（1）：68-72.

（二）评价指标的选取

1.选取原则

该区域位于保定市顺平县，属典型的丘陵地带。因此，许多休闲旅游方案过于主观，没有融入科技手段，使得其规划设计不合理、功能安排不充分。因此，在选择影响因子时要更加慎重，选择的影响因子要准确、全面，并考虑因子的量化和可操作性。因此，在评价指标选择过程中应牢记以下原则。

（1）综合性原则：应以对研究领域适宜性的综合评价为基础，结合休闲旅游研究区休闲旅游的现状和特点，选取的评价指标尽可能涵盖多个方面。

（2）可操作性原则：所选指标应具有可操作性，能有效反映研究区休闲旅游的适宜性。此外，为了使评价结果不受主观因素的影响，尽可能选择可量化的指标，以便相互比较。对于难以量化的指标，应以科学的态度进行定性分析。

（3）因地制宜原则：所选择的评价指标应结合调查区休闲旅游的实际状况，并结合当地的地形地貌特征、自然环境基础设施和社会经济基础。因此，为了避免重复，需要选择能够准确反映休闲旅游适宜性的评价因素。

（4）系统性原则：在建立的指标体系中，各个层次与包含在其中的评价指标相互联系，形成一个整体的体系。整个指标体系旨在评价休闲旅游的适宜性。评价指标应具有联动性和完整性，构建完整、合理的指标体系。

2.指标体系的建立

为了更好地开展研究区休闲旅游规划，基于上述指标选取原则，综合考虑地形、场地条件、资源基础等方面进行指标选取，量化指标研究作用于研究区域的休闲旅游适宜性。基于多次的实地调研，本研究的评价指标如表6-1所示。

表6-1　休闲旅游适宜性评价体系

目标层	准则层	指标层
休闲旅游适宜性评价	地形地貌	高程
		坡向
		坡度
	立地条件	植被覆盖度
		土地利用状况
		土层厚度
	资源基础	道路通达度
		水资源条件
		能见度

（1）高程。地形是山区旅游规划设计的基本框架，是营造山区景观的要素之一。而作为重要地形因子的"高程"，温度、降水都受其影响而产生各种变化。可以说，高程可以影响山区休闲旅游业中生物的群落形态及功能，进一步影响山区休闲旅游的规划建设和景观营造布局。

（2）坡向。山地因为地形起伏，所以形成不同的坡向。坡向不同体现在日照强度和温度的影响上。不同坡向形成的气候因素不同，会使植物的生长状态和功能形态不同，产生各种景观效果。因此，山地休闲旅游项目建设应考虑不同坡向的空间特征，使布局更加科学、合理。

（3）坡度。坡度也是重要的地形因素之一。在休闲旅游中通常会建造一些建筑或景观小品供游客游玩、休息或提供服务。因此，坡度对休闲旅游项目的布局和效果有较大影响。当区域内坡度较平缓时，将降低项目建设难度，更好地展现景观效果。然而，当坡度越来越大时，生态环境的稳定性会越来越差，导致休闲旅游建设受到限制，景观效果表现不理想。同时，坡度对作物和植物的生长有很大的影响。因此，山地休闲旅游的规划建设应充分考虑坡度的影响。

（4）植被覆盖度。植被是影响山区休闲旅游景观效果的重要因素。由于山区独特的自然环境，植被种类和类型丰富，创造了丰富多彩的景观效果。随着四季的不同，植被呈现的面貌也不同，所规划的景观也不同，对山区休闲旅游的空间布局规划起到了至关重要的作用。

（5）土地利用状况。土地利用状况是影响休闲旅游规划布局的另一重要因素，对规划区内景观项目的建设也具有指引作用。通过对规划区土地利用的分析和分类，了解不同土地类型对不同性质的规划功能有不同的影响。在实际的乡村旅游空间布局中，因地制宜地确定不同土地用于农业生产、观光采摘的比例，合理布局，确保农业生产和观光旅游互不干扰。

（6）土层厚度。土壤资源不仅影响农作物和植物的优良状况，还具有改善环境质量、保障生态环境的作用。土壤厚度可以反映土壤养分状况和土壤发育程度。土壤越厚的地方，植物生长越繁茂，从而使植被具有良好的观赏效果，因此，在实际乡村旅游规划中，可以根据这项指标来合理布局造景。因此，土层厚度对休闲旅游种植业的规划具有重要价值。

（7）道路通达度。道路的通畅是满足游客便捷出行、人员流动、物资供应、商品流通的基础，是社会经济发展的先决条件。因此，大部分休闲娱乐项目能够使游客省时、省力地到达，提高了游客的出行意愿。将道路通畅度分成 5 类，各自道路间距 0—20m、20m—50m、50m—100m、100m—200m和超过 200m。越挨近道路的旅游区域，实际观光效果越好。

（8）水资源条件。一切农牧业的生产制造都离不开水，在休闲旅游中更是如此。不仅必须确保粮食作物一切正常的生长发育与生产制造，还必须考虑到以园林景观构建的绿色植物对水资源的耗费。因此，水资源至关重要，越挨近水源的粮食作物和绿色植物，因生长发育自然环境的优异，针对园林景观的构建越具有助推作用，进而具备更强的实际欣赏效果。

（9）能见度。受地形、气候、植被等因素影响，山地休闲旅游景观动态优美。能见度是衡量休闲旅游公园景观价值的因素之一。公园的海拔和观景点的位置会对游客的视觉产生影响，而山区起伏的地形对视线的阻挡也会对游客的观赏效果产生不确定的影响。因此，在规划休闲旅游项目时，应充分考虑地形对景观的影响，注意游客视线的聚焦和遮挡，设计合理的游览路线和景观节点，为游客提供高质量的观赏效果。

二、空间数据的构建与处理

（一）确定评价标准与分值

为了使研究区的休闲旅游规划更加科学合理，根据各因素对休闲旅游适宜性的影响程度，采用专家评分法，采用定量与定性相结合的方法。而 GIS 则用于叠加分析，对评价因素进行量化和排序，得到最终的评价结果。单因素拟合度可以分为非常适宜、中等适宜、一般适宜、基本适宜、不适宜五个等级，分别以 10、8、6、4、2 分表示。高分表示适合，休闲旅游的效果越好，越适合建设休闲旅游项目。

1. 高程

规划区的高程范围为 190m—600m。考虑到山脉的变化和难度，将现场勘测获得的高精度数据与无人机低空遥感技术相结合。结合上述评价标准和单因素适宜性赋值划分项目建设区域。海拔范围 190m—250m，地势平缓开阔，非常适合休闲旅游，所以得最高分 10 分。海拔越高，生态系统越弱，地形起伏越大，山区建设难度越大，从而影响适宜性，得 8 分。以此类推，海拔 300m—400m 的区域一般适合，得 6 分；海拔 400m—500m 的区域基本适合，得 4 分；剩下的 500m—600m 的区域适应度极差，得 2 分。

2. 坡度

根据《水土保持综合治理规划通则》，坡度被理解为影响土地的适宜性的重要因素。坡度直接影响规划区域内农、林、果、畜的选择，且影响休闲旅游景观布局和适宜性。此外，坡度越大，生态系统稳定性越低，不适合项目建设。利用 ArcGIS 的重分类功能，结合盘古庄园的实际情况，我们将高程得到的规划区坡度数据分为 5 组，分别为 0°—3°、3°—8°、8°—15°、15°—25° 和超过 25°，对应的休闲旅游项目建设适宜性得分分别为 10、8、6、4、2 分。

3. 坡向

山区起伏的地形形成各种坡向，影响休闲旅游项目的建设选址和功能区的布置，也会影响阳光强度和温度等因素，导致不同的小气候、不同的植物形状和类型，从而产生截然不同的景观效果。至于调查区的日照强度，南坡因为日照强度最好，所以景观效果较好；其次是东南坡和西南坡；东坡和西坡次之；接着是东北坡和西北坡；北坡受日照量最少。测区倾斜方向如上分为 5 类，分别对应 10、8、6、4、2 分。

4. 土地利用情况

土地利用类型的不同，对休闲旅游适宜性的影响是不同的。在数据预处理阶段，通过无人机低空遥感获取的高清 DOM 照片，结合《适宜性评价标准》，对研究区耕地给予 10 分，打造最适合当地的景观；休闲旅游规划区森林面积广，景观效果好，建设也有很好的效果，给予 8 分；草地适宜性弱于耕地和林地，赋值为 6；中国建设用地和裸地，各类建设用地水泥硬化，裸地不适合工程建设，赋值为 4 分和 2 分。

5. 植被覆盖度

规划区内植被分布是景观布局的重要指导。游客参观休闲旅游综合体，亲近自然，领略自然风光，而丰富多彩的植物是提升其适宜性的因素。将遥感影像放进 ENVI 软件中进行处理，从 landsat8 中选取 5、4、3 三种波段进行伪色合成，结合像素二分模型计算归一化指数，NDVI 最小值为 0.031766，VFC 的值为 0；NDVI 的最大值为 0.522991，VFC 的值为 1。通过像素二分公式计算，将两者之间的植被覆盖度分为五类，即 60%—100% 为高，45%—60% 为中高，30%—45% 为中低，10% ～ 30% 为低，裸地为 0—10%，对应的分值分别为 10、8、6、4、2 分。

6. 土层厚度

土层的厚度可能影响规划区的具体种植方式和景观布局。土层的厚度取决于规划区内的土地类型。在同等条件下，土层越厚，能给植物提供的养分越多，植物生长得越好，造景效果就越好。结合无人机低空遥感和野外调查、专家咨询和数据分析得到的规划区正射影像图，规划区耕地最厚土层超过 80cm，林区土层厚 60cm—80cm，灌木和草甸土层厚度分别为 40cm—60cm 和 20—40cm。由于没有植被，裸地的土层厚度是最薄的，为 0—20cm，对应的分值分别为 10、8、6、4、2 分。

7. 道路通达度

道路是休闲旅游景观布局和游客旅游、游乐之间的重要纽带。道路的通达度直接影响游客对休闲旅游的认知。因此，大部分休闲项目的建设都方便游客快速到达，而且最好靠近公路。道路通达度分为 5 类：距道路 0—20m、20m—50m、50m—100m、100m—200m、200m 以上，对应的分值分别是 10、8、6、4、2 分。

8. 水资源条件

供水与农业生产密不可分，尤其是休闲旅游。除了保证农作物的正常生长和生产外，还必须考虑景观建设中使用的功能性植物的耗水量，因此，水资源比什么都重要。靠近水源的农作物和观赏植物，因其优良的生长环和良好的观景效果，有助于营造景观。供水分为 5 类：0—50m、50m—100m、100m—200m、200m—300m、距水源 300m 以上。离水源越近，拟合越好，得分越高，按照分类给出对应分数为 10、8、6、4、2 分。

9. 能见度

用 GPS 选择一个点确定能见度，在研究区选取 10 个空间信息点，使其满足休闲旅游和旅游的适宜性，在 ArcGIS10.0 中进行视野分析，确定旅游目的地的视野。经过评价分析和计算，我们得到每个点的视野。经过重叠分析，得到 10 个点的交叉效应，经过重分类计算，将其分为 5 级。最佳能见度为 10 分，意味着几乎所有的旅游景点都可以看到这个地区。1 级区域的旅游人数很少，几乎无法进入观景台的观赏范围，为最低能见度，得 2 分。

（二）多因子综合叠加分析

我们对上述 9 个单因素指标进行重新分类，将各个指标的结果合并到同一个评分体系中，通过层次分析法得到每个单因素分析结果，对最适合的区域给予更高的分数。每个指标的权重反映了每个指标要素在整体适宜性评估中的重要性。使用 ArcGIS10.0 的加权叠加函数，我们对每个评价因子分配其对应的影响百分比。计算重叠后，我们最终得到一个反映规划区域内每个区域不同适应度水平的数据。

综合分析规划区各项数据，将休闲农业规划区按适宜度划分为高度适宜、中度适宜、一般适宜、基本适宜和不适宜的区域。ArcGIS10.0 通过属性表的几何计算功能，按照表 6-2 所示的格网数量计算每个等级区域的面积。

表6-2　适宜性评价结果统计

适宜性等级	栅格数	所占比例（%）	所占面积（km²）
高度适宜	7795	14.05	0.81
中度适宜	8996	16.22	0.93
一般适宜	13902	25.07	1.44
基本适宜	13849	24.97	1.44
不适宜	10919	19.69	1.15

1. 高度适宜的区域

高度适宜的区域主要位于规划区的东部和中部，以耕地为主，林地少，海拔最低，地势平坦，阳光充足，道路通畅，水资源优良；同时，知名度高，非常适合旅游、聚会、休闲娱乐、文化活动、住宿餐饮等休闲农业项目。

2. 中度适宜的区域

中度适宜的区域主要位于规划区东北部，以梯田为主，海拔较高，光照条件正常，道路、水资源等基础设施齐全，更适合休闲农业建设项目。

3. 一般适宜的区域

一般适宜的区域位于规划区以西，以耕地为主，部分为草地和林地，水资源、一般道路设施和地形落差可能充足，适合以农业体验、文化活动和其他休闲活动为目的的农业项目建设。

4. 基本适宜的区域

基本适宜的区域主要分布在北部和中部地区，由大面积的森林和滩涂组成，海拔较高，地形起伏较大；因道路设施差、水质保育设施差、采矿条件不足等，为保护规划区生态环境，营造生态涵养林。

5. 不适宜的区域

不适宜的区域主要分布在规划区南部，为高海拔、高风险的林区，建议开发生态保护林。

三、评价及分析

（一）综合服务区

此区绝大部分为高度适宜区域，小部分区域为中度适宜区域，从适宜性程度上看是非常适宜进行观光的。结合现状影像图可知，管理中心及各建筑设施均位于园区入口。由此可见，该区域可以被打造成集餐饮、购物、住宿、体验于一体的"综合服务区"。

（二）科技创新区

此区域的适宜性程度以一般适宜和中度适宜为主，辅以小部分高度适宜，环境优美，适合布局为观光区。结合现状影像图，明确显示该区域正好是与河北省山区研究所联合的实验田，可以打造成与此有关的集科研实验、科技展览、科技体验于一体的科研创新区。

（三）高效种植区

此区域的适宜性程度绝大多数为一般适宜，还有小部分区域为基本适宜，较适宜进行观光。影像图显示区域为园区的高效薄皮核桃示范区，兼顾农业生产和休闲农业旅游。因此，将该区域的规划设计为高效种植区，在进行农业生产的同时可满足游客农田耕作和采摘的体验需求。

（四）休闲娱乐区

该地区的适宜性大多为高度适宜，地势较为平坦，坡度起伏小，规划各种观光项目和休闲广场。利用原有的花卉种植基础，搭配绿植、农作物进行景观营造，没有陡峭的坡度，非常适合中老年人，不需要耗费更多体力就可以观光，使人身心愉悦，故把该区域规划设计为休闲娱乐区。

（五）特色采摘区

该区域的适宜性大多为高度适宜和中度适宜，部分区域为一般适宜，非常适宜观光采摘。影像图显示，该区域靠近公园入口的区域，既有平坦的耕地，也有梯田景观，使得种植基础良好，可规划设计多样化的种植品种，便于游客采摘，提高游客参与度。

（六）生态保护区

该地区大部分区域适宜性为基本适宜，小部分地区不适宜，旅游适宜性中等。影像图显示，该地区地势较高，山势陡峭，植被以灌木和森林为主，不适宜发展休闲农业，也规划为生态保护区，不予造景开发，以此保护整个园区的生态环境平衡。

第四节　盘古庄园试验区具体方案

一、规划原则

按照循环利用和产业可持续发展的要求，符合顺平县相关发展规划，以推进休闲农业建设为规划目标，布局合理，区位正确。它遵循以下基本原则。

（一）因地制宜

休闲农业的合理发展以园区有序发展为基础，规划设计应遵循因地制宜的政策原则。休闲农业规划应适应本地区的地理特征、环境特点、农业资源和文化风情，合理进行选址、景观布局和功能分区。

（二）合理布局，突出地域特色

依托科技手段，设计休闲农业规划区，合理划分功能区，突出以盘古文化、帝尧文化为代表的区域农业文化特色，创新特色农产品生产加工方式，引导农民保护地方特色和传统，积极弘扬优秀文化，更多地为当地农民提供就业机会，增加农民收入。

（三）资源整合，创新协调发展

推动休闲农业园区、高校和科研机构建立信息共享和科技成果转化机制，引进更先进的科学技术。研究通过平台将规划技术与地方科技农业资源利用相结合，发展科技休闲农业，同时发挥种植、养殖、营销的多重功能，促进种植、养殖、营销一体化进程的快速发展。[①]

（四）资源对比，生态优先

太行山农业资源丰富，盘古庄园自然资源丰富且有特点。在规划设计过程中，要区分自然环境的不同特点，根据适宜性进行差异化评价，确保规划

---

① 鲁恒，李永树，何敬，等. 无人机低空遥感影像数据的获取与处理[J].测绘工程，2011，20（1）：51-54.

的合理性。此外，要注意山区生态环境的敏感性和脆弱性，在最大限度地减少对生态环境破坏的前提下，有效配置相关资源。

二、规划设计

（一）交通运输部门要在盘古庄园综合整修道路，提高道路通达性

主干道规划宽度为 6m，道路水泥加固，保证农、渔产品向产区的顺利运输和休闲旅游车辆的正常通行。

次干道宽度为 3m，对道路进行加固和道路景观美化，使游客可以快速移动到各个功能区。

游步道宽度为 1.5m，铺装丰富，两侧种植有遮阳效果的常绿乔木，并用五颜六色的鲜花点缀，形成宜人的景观交通网络。

（二）空间布置

（1）一轴：打造盘古文化景观轴，在景观轴上设置了别具一格的民宿、生态餐厅、文化空间。

（2）五大带：观光采摘带、休闲娱乐带、科普教育带、绿色氧吧带、农业体验带。

观光采摘带：为游客提供优美的农业景观，可采摘各种水果、山货。

休闲娱乐带：充分强调农耕文化和民俗文化特色，安排民间歌舞、民俗技艺、时令民俗、节日庆祝等休闲旅游活动。

科普教育带：为游客提供了解当地农业史、接受农业技术科普、了解农业知识的教育活动。

绿色氧吧带：以农业种植为主，利用农业资源打造田园风光。

农业体验带：充分强调农耕文化，发展农业展览、农业体验等项目。

（三）总体规划

深入挖掘研究区的农业资源、人文文化优势，结合产业基础和特色，打造适合当前形态的盘古文化、灵魂农业公园太行文化。

（四）规划区划分

规划区主要分为综合服务区、高效种植区、休闲娱乐区、旅游收获区、科研创新区、生态保护区。

1. 综合服务区

综合服务区是盘古庄园为开展生产经营、日常管理和提供旅游服务而设立的功能区，主要有入口广场、停车场、旅游信息中心、农产品加工体验中心等。

入口广场：正门以古老的木制模型为基础，支撑管理办公室，反映了公园的自然乡村风格。广场在满足分布函数的前提下，采用黑、白、灰三色烧焦的花岗岩混合铺装，体现了经典的园艺技术和配色方案。用一根粗大的线条做分隔线分隔路面。此外，还增加了额外的设施，如具有特色的亭子、避难所、园景廊道等，增强广场内人群的聚集力。

停车场：在广场北侧，我们将增加停车位，以满足园区外游客和园区内人士的停车需求。车位分为小型车车位和大型客车专用车位，满足各类车辆的停车需求。停车场面积约 3000m²，可停放车辆约 50 辆。

旅游信息中心：面积约 10000m²，设有接待中心、生态餐厅等，为游客提供全方位的接待服务。

农产品加工体验中心：建筑面积约 3000m²。设立产品展销中心，展示园区生产的农产品和深加工产品，合理引导市场，提高产品竞争力。农产品加工体验中心是面向大众的产品体验中心，使游客不仅可以体验加工农产品的乐趣，还能以更优惠的价格购买产品。

在体验管理方面，将打造三个体验空间：核桃加工生活体验中心、梨/苹果汁加工生活体验中心、葡萄酒加工生活体验中心。

2. 高效种植区

高效种植区积极开发薄壳核桃，主要利用盘古庄园的区位优势，通过在树下间作草药和谷物或通过生态育种来提高种植效率，采用立体造林、节水灌溉、循环开发，将种植材料与休闲农业相结合。

农业体验地：空出少量地块，合理调整。这种休闲农耕体验项目是提供给长期居住在城市的居民的，免费申请一块农田，体验从播种到收获的农耕活动全过程。引入城市居民体验常态化，追求高附加值的新体验模式。

3.休闲娱乐区

园区中央设有休闲娱乐空间，以休闲农业为主题，种植观赏价值高的植物，营造景观效果，让观众在比赛中赏心悦目，感受美。同时，文化遗产博物馆和健身广场提供"吃、喝、住、行、娱"系列特色体验项目，让游客沉浸在这美丽的田园风光中，放松疲惫的心灵。更有华彩景观谷、盘古广场、特色民宿和乡村酒庄、道路花坛、世外桃源体验农场、亲子农场。

4.旅游收获区

旅游收获区位于公园入口南侧，主要以当地优质苹果、猕猴桃、葡萄、梨采摘为主，搭配其他品种，保持其多样性。通过交错排列的布局，最大限度地增加采摘乐趣。不仅如此，还让游客参与进来，展示果品知识、技术劳作、果品加工、果树盆景，使游客沉浸在果品文化的氛围里，既能尝鲜，又能够增长见识。

温室采摘：一共规划 5 个温室，占地 1600m²。温室内种植了反季节植物，如葡萄、草莓、瓜类等水果。

5.科研创新区

科研创新区主要展示先进的科技成果。通过与科研机构的合作，盘古庄园不断发展，在科普教育中发挥良好的作用，主要建设内容包括科技农业体验中心、现代农业科技中心。

科技农业体验中心：建设活动厅，建筑面积 1300m²。圆顶飞行影院系统采用 4D 技术，让特殊飞行式座椅滑入完全封闭的屏幕中，仿佛置身于广阔的世界；通过攀爬、潜入、快速移动，体验播种、撒播、检验、收获等机械化手段带来的现代农业工作新理念；通过新的感官刺激，新一代青年人将会对农业新技术的应用感到振奋，推动农业文化和技术的新发展。

现代农业科技中心：占地大约 1500m²，以河北农业大学河北山地研究所现代农业技术成果为依托，充分利用现代栽培技术创新成果，结合绿色能源，通过创意设计、科学技术和建筑艺术打造节约节能、高效的生态农业创意景观空间，以及集生产力、科学和乐趣于一体的现代农业科技中心，打造出引领国内外发展的一流农业科技示范平台，这也是未来农业发展的新方向和新标志。

6. 生态保护区

作为发展休闲农业的基本环境，生态保护区的主要功能是保护生态环境。生态涵养林面积约 1.33km²，主要种植油松和侧柏，同时种植三角枫、玉兰、白皮松、紫薇、金叶榆等特色景观树种。游客会在这样的森林中闻到树木清新的气味。

第七章　地理信息系统技术与乡村旅游空间布局

第一节　地理信息系统基本概述

一、地理信息系统的概念

地理信息系统（GIS）是由计算机硬件系统和计算机软件系统支持的计算机系统，其主要任务是收集、存储、管理、检索、分析和描述空间对象的位置和分布及其相关属性数据，回答用户的问题等。它是一门集计算机科学、地理科学、测绘科学、环境科学、城市科学、空间科学、信息科学和管理科学于一体的新兴、快速发展的边缘学科。GIS 中的"地理"一词不是狭义的地理概念，而是广义的空间数据、属性数据以及在地理坐标参考系统的基础上获得的相关数据。

从 20 世纪 90 年代科技发展的趋势来看，我们应该从以下三个方面来审视地理信息系统的含义。

首先，地理信息系统是一种计算机技术，它得到了人们的广泛认可。其次，GIS 在过去也是人们管理和操作巨大空间数据的一种方式。这样，人们就可以将全球变化或区域可持续发展的问题进行统一和整合，从而达到全方位看待地球上每一种现象的目的。最后，GIS 的思维模式与传统的线性思维模式有很大的不同。人们可以从更广的范围关注与地理现象相关的现象的变化及其对本体的影响。这种变化和进步也对人们思维观念的变化产生了很大的影响。GIS 是人们思维的延伸。

地理信息系统（GIS）是一个与地理位置相关的信息系统，因此它是一个具有多种特征的信息系统。在 GIS 中，通过抽象将现实世界划分为许多地理实体和现象，然后通过空间位置和主体属性特征对这些地理特征进行定位，并进行定性和定量表达。[①] 地理信息系统与其他信息系统的区别在于，它存储和处理根据统一地理坐标编码的信息，并可以通过地理位置和与该位置相关的特征属性信息来检索。

二、地理信息系统的特点

地理信息系统具有以下三个特点。

第一，它是空间的、动态的，可以收集、管理、分析和输出各种地理信息。

第二，在 GIS 对空间数据管理的支持下，基于地理对象的位置和形态特征，地理信息系统使用数据分析技术，从空间数据中提取和传输空间信息，最终完成人类难以完成的任务。

第三，地理信息系统依靠的是计算机系统的支持，使得它能够准确、快速、全面地对复杂地理进行动态分析和空间定位。

此外，为了满足对地球各个方向上某些元素相互关系和空间分布的研究，GIS 必须具备以下特征。

（1）位置特征。只有将所有的地理要素按照特定的坐标系进行定位，才能将具有区域性、多维度和时间特征的空间要素进行分解和合并，提取隐藏的信息，形成时空连续分布的综合信息基础，支撑空间问题的处理和决策。

（2）标准化。对多个信息源的统计数据和空间数据进行整理、分类、量化、分析，以满足计算机数据输入和输出的要求，实现资源、环境和社会之间的综合分析。

（3）多维结构。多维结构通常是在原有的二维空间结构的基础上，添加三维信息，这在传统的二维或二维半图形中显然是没有的。它可以根据时间顺序及时更新、存储和转换数据，通过多层次的数据分析为决策部门提供技术支持。

① 孙田田，黄建昌.地理信息系统在景观规划设计中的发展与应用 [J].现代园艺，2018（24）：69-70.

（4）丰富的信息。除了地理位置信息，GIS 数据库还包含大量其他相关信息，如人口分布、城市交通、自然灾害和作战指挥等。北京市曾调查了该市的数据库，发现 79% 以上的数据都与地理信息有关。

三、地理信息系统的组成

地理信息系统主要由计算机硬件系统、计算机软件系统、人员和空间数据组成。计算机硬件和软件系统是其工作的核心。人员决定了系统的工作方式和信息表达方式，而空间数据反映了地理信息系统的地理内容。

（一）计算机硬件系统

计算机硬件系统包括输入和输出设备、中央处理器、存储器等。

（二）计算机软件系统

计算机软件系统是指计算机运行所必需的各种程序。要应用地理信息系统，需要以下软件。

1. 计算机系统软件

为了使用户更加方便地操作程序系统，计算机系统软件通常包括操作系统、汇编程序、编译器、诊断程序、库程序、各种维护手册、程序描述等。

2. 地理信息系统专业软件和其他支持软件

如通用 GIS 软件包、数据库管理系统、计算机图形软件、计算机图像处理系统、计算机辅助设计等，实现空间数据的输入、输出、存储、转换和显示等功能。

3. 应用分析程序

应用分析程序一般应用于地理专题或区域数据，通过对其数据的空间分析提取用户所需的地理信息，从而达到 GIS 应用的目的。

（三）系统开发、管理和使用人员

人是地理信息系统中不可缺少的重要因素。一个地理信息系统不仅仅是一张地图，而是一个动态的地理模型。只有软件、硬件和数据，是不足以形成一个完整的地理信息系统的。人们需要组织、管理、维护和更新数据，扩展和完善系统，开发应用程序，灵活使用地理分析模型提取各种信息，用于科学研究和决策。

（四）空间数据

基于地球表面空间位置的各种数据，如图形、图像、文本、表格、数字等，通过数字技术仪、扫描仪、键盘或其他输入设备，把空间数据输入GIS中。

1. 位置数据

几何坐标是地图上地理对象空间位置的数字表示，如地理经度和纬度、笛卡尔坐标和极坐标。

2. 空间关系

对象之间的空间关系通常包括物体 A 到 B 的度量关系，两个物体之间方位角关系，相同或不同要素之间的包含、连接和邻接关系的拓扑关系。

3. 属性数据

属性数据通常被称为非几何属性，或被简单地称为地理变量或与地理对象相关的地理意义的属性。有两种类型的属性：定性和定量。

第二节　GIS 与乡村旅游空间资源调查及其评价

一、乡村旅游空间资源的调查与分类

（一）乡村旅游空间资源的调查

基本的调查内容主要包括基本区域特征的调查、开发条件与开发现状的调查、景观资源的调查等。这些基础资料的调查可以通过 GIS 强大的数据进行收集处理，还需要了解景区所在区域的地理位置、人口数量、气候条件、人文历史、风俗习惯等相关的资料，可归纳为以下内容（见图 7-1）。

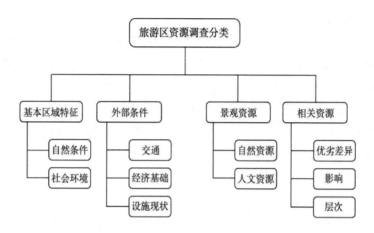

图 7-1　乡村旅游空间资源调查分类图

1. 基本区域特征调查

基本区域特征调查包括自然条件的调查和社会环境的调查。自然条件的调查，如自然旅游景点的地理位置分布、区域地质、地貌特征、陆地植被特征、水体分布与特征、气候类型、动植物类型与分布、环境背景等。社会环境的调查主要是人口、当地民俗文化调查等。

2. 外部条件调查

首先，对内部交通状况进行分析，并对周边和内部的交通状况进行调查。内部交通是指景区本身各类道路的现有分布和等级，以及区域交通方式的类型。外部交通包括景区内主要交通点的距离和方向。内部交通规划是景观规划者组织交通的重要内容和依据。疏浚形成环路，提高旅游多样性，合理制定规划，实现优化。

经济基础方面是指当地的农业、工业、林业、畜牧业的发展状况。景区的合理规划，可以带动当地旅游业和相关产业的发展，并促进当地区域经济的发展，给周边地区居民带来生活质量的提高，也是一种社会资源的优化配置。

设施现状包括原有的旅游接待服务设施、城市给排水条件、电力供应、通信条件等情况，以及当地自然景区气候灾害或突发性灾害的预防与应对能力等。[①]

① 凌欢，林杜锐. 基于 GIS 的泉州市古街巷地名文化景观空间分布 [J]. 黎明职业大学学报，2018（2）：48-55.

3. 景观资源调查

对旅游空间自然景观资源的调查大致有旅游景区的地形地势、水文因素、气候条件及动植物等方面的类型特征、规模大小、地理分布与基本的数量、质量方面的调查等。

人文景观要素的调查，考虑研究区域相关地区仍然生活着大量的常住居民，并为景区留下大量的历史人文色彩，是丰富的精神和物质文化遗产。对这些存在于自然环境中的宝贵的人类遗产，进行调查并保护它们，是景观规划中不可忽视的方面。

4. 相关资源调查

通过对旅游资源的调查分析，可以分析相邻景区在自然景观资源类型、特征、相似性等方面的景观质量差异。利用相关分析和评价的方法，可以总结自然景观资源质量的生态敏感性和适宜度，为后续研究和规划的趋势和重点提供依据，解决景区的矛盾和不足，实现旅游资源的优化配置和景区的可持续发展。

一个旅游空间景观的规划不仅包含了对自身的规划，而且影响整个区域大方向的发展，因此有必要考虑周边景区的概况。在调查的过程中，要注意相辅相成。开发利用应在符合国家有关规定、符合生态发展趋势和当地适用条件的基础上进行，不应盲目地搞建设而忽视自然和社会的要求。

（二）乡村旅游空间资源的分类

旅游资源划分为地文景观、水域风光、生物景观、天气与气候景观、遗址遗迹、建筑与设施、旅游商品和人文活动 8 个主类及 31 个亚类，共 155 个基本类型。归纳分析后可分为以下详细分类（见表 7-1）。

表7-1　旅游资源分类表

主类	亚类	基本类型
A 地文景观	AA 综合自然旅游地	AAA 山丘型旅游地　AAB 谷地型旅游地　AAC 沙砾石地型旅游地　AAD 滩地型旅游地　AAE 奇异自然现象　AAF 自然标志地　AAG 垂直自然地带
	AB 沉积与构造	ABA 断层景观　ABB 褶曲景观　ABC 节理景观　ABD 地层剖面　ABE 钙华与泉华　ABF 矿点矿脉与矿石积聚地　ABG 生物化石点
	AC 地质地貌过程形迹	ACA 凸峰　ACB 独峰　ACC 峰丛　ACD 石（土）林　ACE 奇特与象形山石　ACF 岩壁与岩缝　ACG 峡谷段落　ACH 沟壑地　ACI 丹霞　ACJ 雅丹　ACK 堆石洞　ACL 岩石洞与岩穴　ACM 沙丘地　ACN 岸滩
	AD 自然变动遗迹	ADA 重力堆积体　ADB 泥石流堆积体　ADC 地震遗迹　ADD 陷落地　ADE 火山与熔岩　ADF 冰川堆积体　ADG 冰川侵蚀遗迹
	AE 岛礁	AEA 岛区　AEB 岩礁
B 水域风光	BA 河段	BAA 观光游憩河段　BAB 暗河河段　BAC 古河道段落
	BB 天然湖泊与池沼	BBA 观光游憩湖区　BBB 沼泽与湿地　BBC 潭池
	BC 瀑布	BCA 悬瀑　BCB 跌水
	BD 泉	BDA 冷泉　BDB 地热与温泉
	BE 河口与海面	BEA 观光游憩海域　BEB 涌潮现象　BEC 击浪现象
	BF 冰雪地	BFA 冰川观光地　BFB 常年积雪地
C 生物景观	CA 树木	CAA 林地　CAB 丛树　CAC 独树　CAD 草场花卉地
	CB 草原与草地	CBA 草地　CBB 疏林草地
	CC 花卉地	CCA 草场花卉地　CCB 林间花卉地
	CD 野生动物栖息地	CDA 水生动物栖息地　CDB 陆地动物栖息地　CDC 鸟类栖息地　CDD 蝶类栖息地
D 天气与气候景观	DA 光现象	DAA 日月星辰观察地　DAB 光环现象观察地　DAC 海市蜃楼现象多发地
	DB 天气与气候现象	DBA 云雾多发区　DBB 避暑气候地　DBC 避寒气候地　DBD 极端与特殊气候显示地　DBE 物候景观

（续　表）

主类	亚类	基本类型
E 遗址遗迹	EA 史前人类活动场所	EAA 人类活动遗址　EAB 文化层　EAC 文物散落地　EAD 原始聚落
	EB 社会经济文化活动遗址遗迹	EBA 历史事件发生地　EBB 军事遗址与古战场　EBC 废弃寺庙　EBD 废弃生产地　EBE 交通遗迹　EBF 废城与聚落遗迹　EBG 长城遗迹　EBH 烽燧
F 建筑与设施	FA 综合人文旅游地	FAA 教学科研实验场所　FAB 康体游乐休闲度假区　FAC 宗教与祭祀活动场所　FAD 园林游憩区域　FAE 文化活动场所　FAF 建设工程与生产地　FAG 社会与商贸活动场所　FAH 动物与植物展示地　FAI 军事观光地　FAJ 边境口岸　FAK 景物观赏点
	FB 单体活动场馆	FBA 聚会接待厅堂（室）　FBB 祭拜场馆　FBC 展示演示场馆　FBD 体育健身馆　FBE 歌舞游乐场馆
	FC 景观建筑与附属型建筑	FCA 佛塔　FCB 塔形建筑物　FCC 楼阁　FCD 石窟　FCE 长城段落　FCF 城（堡）　FCG 摩崖字画　FCH 碑碣（林）　FCI 广场　FCJ 人工洞穴　FCK 建筑小品
	FD 居住地与社区	FDA 传统与乡土建筑　FDB 特色街巷　FDC 特色社区　FDD 名人故居与历史纪念建筑　FDE 书院　FDF 会馆　FDG 特色店铺　FDH 特色市场
	FE 归葬地	FEA 陵区陵园　FEB 墓（群）　FEC 悬棺
	FF 交通建筑	FFA 桥　FFB 车站　FFC 港口渡口与码头　FFD 航空港　FFE 栈道
	FG 水工建筑	FGA 水库观光游憩区段　FGB 水井　FGC 运河与渠道段落　FGD 堤坝段落　FGE 灌区　FGF 提水设施
G 旅游商品	GA 地方旅游商品	GAA 菜品饮食　GAB 农林畜产品与制品　GAC 水产品与制品　GAD 中草药材及制品　GAE 传统手工产品与工艺品　GAF 日用工业品　GAG 其他物品
H 人文活动	HA 人事记录	HAA 人物　HAB 事件
	HB 艺术	HBA 文艺团体　HBB 文学艺术作品
	HC 民间习俗	HCA 地方风俗与民间礼仪　HCB 民间节庆　HCC 民间演艺　HCD 民间健身活动与赛事　HCE 宗教活动　HCF 庙会与民间集会　HCG 饮食习俗　HGH 特色服饰
	HD 现代节庆	HDA 旅游节　HDB 文化节　HDC 商贸农事节　HDD 体育节

二、乡村旅游空间资源中数据的处理

（一）数据的收集

以西胜沟旅游区景观资源为基础，利用 GIS 技术的辅助分析，在相关基础资料处理、分析的基础上，进行景区地形表面分析和各数据的分类与整理，归纳所需研究数据，然后在此基础上进行数据处理和分析。

（二）空间数据建库

选用 DEM 地形图作为数字技术地图的底图。利用 GIS 进行数据底图分析时，进行底图的地理坐标配准。配准可以为数字地图技术提供空间地理坐标，将相应的地理空间坐标相匹配，为景观资源评价和规划提供数据基础，而且可以纠正地图的变形，对分析过程中的景观各项资源进行分层储存。

（三）数字高程模型建立

数字高程模型是适用于描述地形高低起伏特征的数据模型，利用相关的数据分析，进而获取景区地理信息因子的数据信息。利用 GIS 的三维分析功能建立三维模型，通过 TIN 数据的表面分析，建立坡度、坡向、高程等地形数据叠加分析，可进行景区生态敏感适宜性评价分析，为旅游景区的游憩廊道组织、景点的选择分析、景区功能合理分区等提供直观和科学的分析基础。

三、乡村旅游空间资源 GIS 叠加评价

（一）旅游空间生态敏感性评价

1. 生态敏感性分析

在分析国内外针对生态敏感性研究状况的基础上，对旅游区生态敏感性评价进行分析，针对景区内可能出现的各种生态问题及其敏感程度，可

结合各景区自身特点，建立景区生态敏感性评价指标体系，探讨运用 GIS 技术对旅游区生态敏感性进行综合评价的方法，提出旅游区生态敏感性等级区划。

研究应综合多种因素分析，研究区单因子评价及生态制图内容主要包括坡度、坡向、归一化植被指数（NDVI）、土壤有机质含量、重要生态价值与服务功能的景观斑块、行洪通道、沟谷切割密度 7 个生态敏感因子。考虑到不同的生态因子对分析评价的影响，应尽可能选取多种评价因子。根据叠加技术的处理，得到相应的等级评价图，为后期景观规划和可持续发展提供科学的参考依据，同样也是对景区景观生态保护、规划建设和开发程度提供分析规划条件，对确定功能分区和公共建筑设施的选址等有很大的现实意义。

通过研究分析，对旅游区景观规划的研究，可选取对景区生态性影响较大的因素，如坡度、坡向、土壤有机质、NDVI 这四个生态因子。研究可总结出以下内容。

（1）在分析景区生态敏感度时，结合研究区地形地貌的前期分析，综合选取坡度、坡向、土壤有机质、NDVI 等这些对生态敏感度有较大影响的景观生态因子，再利用 GIS 技术进行叠加分析。研究得知，生态敏感程度越高的区域，越应该得到保护，避免遭到人为的破坏，可提供游览者驻足观看的条件，但不要对其大面积地开发规划；对于相对较敏感的景观区域，就算受到轻微的人类活动的影响，也会对景观生态造成很大的干扰和破坏，应作为重点庇护的区域。

（2）景观的参观和景区中的游览体验受地形因素影响较大，地形中坡度变化越多，可以看到景观的机会就越多，就越不容易暴露在视野下，从而达到景观规划设计中藏而不露的效果。

（3）坡向的选取则根据前期的地形地貌的分析，重新进行分类，对应相应的敏感等级。考虑到坡向影响植物和建筑的原因，坡向的差异使区域内接受的日照时长和阳光照射的程度都存在差异，地表温度也会表现出较大差异，对敏感度的高低也会起到一定干扰。

（4）植被覆盖程度这一因素的选取，则是考虑原生植被在景区中的覆盖面积和位置。旅游区景观规划中应最大限度地保证动植物生态环境受到保护和实现可持续发展，避免其受到较大的破坏。研究分析可知，植被覆盖度越高的地区，生态度越高，越应该在旅游区的景观规划的分析中注意对其进行合理的规划和开发。

综合分析这些会对景区生态敏感性造成影响的因素，在研究中适当地筛选分析，具体问题具体分析。通过分析旅游区内的生态敏感性等级评价，尤其是要分析出具有重要生态价值与服务功能的敏感要素的空间分布范围，并以此提取出景区内的重要生态斑块和生态廊道，来最终确定并划分出研究区内不同等级的生态敏感区，并根据叠加分析结果将其分为不敏感区域、较敏感区域、敏感区域三个等级。生态敏感度高的范围内的人类观赏活动会给原始生态景观造成很大的破坏，在规划中提前考虑这些因素，对通过GIS技术加权叠加法得来的量化、等级化图形进行数据处理，通过叠加分析，使得评价分析的结果更加直观和科学化。[①]

2. 技术路线与数据处理

通过对所选取的坡度、坡向、土壤有机质、NDVI各项因子的各项数据进行重分类、等级分类，利用GIS技术中的叠加分析对生态敏感性评价中的各个因素进行分析，再通过叠加将各图层中的几何形状和属性数据基于相同的坐标进行地理空间匹配，然后综合分析旅游区中的生态敏感程度等级，进而得到我们想要的结果图。具体的生态敏感度技术路线和生态敏感度因子等级赋值如图7-2和表7-2所示。

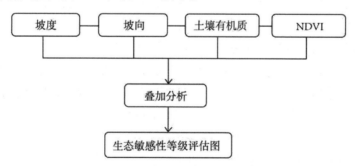

图7-2　生态敏感度技术路线图

---

① 赵群，胡卓伟，马晓燕.基于GIS的北京乡村景观格局分析与规划[M].北京：气象出版社，2015：67-103.

表7-2　生态敏感度因子赋值表

等级赋值	坡度（°）	坡向（°）	土壤有机质（g/kg）	NDVI
1	0–5	112.5–247.5	0–8	0.15–0.33
2	5–10	67.5–112.5	8–12	0.34–0.41
3	10–20	247.5–292.5	12–15	0.42–0.50
4	20–30	0–67.5	15–20	0.51–0.64
5	30–90	292.5–360	>20	0.65–1

（二）建设用地适宜性评价分析

1.建设用地适宜性分析

适宜建设的用地对动植物的保护、建设所需的人工公共建筑、景区景观建筑等有很大的影响，所以要求在坡度起伏适宜的地方进行建设规划。平地或者坡度比较小而适宜的区域地面侵蚀作用弱，在此区域内进行工程施工建设可以减少后期建造过程中的建设成本。考虑到建设用地的功能性要求，不同功能的建筑需要选择不同的区域进行规划建设。

距离公路较近的地方、景区出入口服务区的建筑应该根据坡度选择相对较平缓的地块；景区内的建筑适宜选在坡向为东南向、南向、东向的区域，旅游景区中的人工设施应尽量使其隐蔽，视线尽量不直接可达，使人工建筑物在自然型景区中达到弱化效果，强化周边自然效果。

研究分析建设用地适宜性，总结出以下主要内容。

（1）通过 GIS 的叠加技术来分析可建设用地的适宜程度。在进行分析时，景观规划者可以根据相关指标来进行叠加，指标的选择同生态敏感度的原则类似，应综合考虑对建设设施等有影响的因素。

（2）在分析研究过程中，对各因素的选取考虑坡度、坡向、高程、NDVI、高视点不可见、道路水体缓冲等因素进行数据的叠加分析。在不同景区的分析应用中，要结合所研究景区的特点进行选取。

（3）尽量选择坡度比较适合的区域，因地制宜地结合调研景区做选择。为了避免对植被造成破坏，应选择几乎没有现存植被的地域为较科学的范围，在地形地貌不完整的地域范围内，NDVI 能作为可建设用地的评价因子。综合利用 GIS 技术中的视觉因素的分析，在对旅游区中已经建造的景区建筑进行分析时，通过对视觉因素的合理性分析确定其位置，并在开发利用中进行优化配置，减少不适当的建设安排，满足适宜的景观规划和建设用地条件。在新建单栋建筑时，根据其功能要求，可以预期看到更多的景观，因此可以根据景区分析，选择更大的可以看到的区域。如果期望建筑等单体隐蔽在景区中，如公共卫生建筑等，则可以考虑选择视觉范围较小的景点，避免游人在游览过程中看到过多人为的建筑，减少破坏自然生态美的感受。

（4）对建设用地进行适宜性分析评价，可以指导我们在建筑规划时，更加科学、便捷地进行选址，综合分析景区中建筑的景观效果。

2.技术路线与数据处理

综合这些因素进行叠加分析，可得到可建设用地适宜性的等级评价图。具体的建设用地适宜性技术路线如图7-3所示。

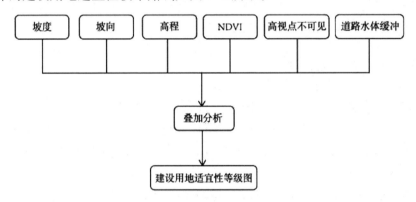

图 7-3　建设用地适宜性技术路线图

根据所研究景区的各项生态因子的分析，通过对景区的生态因子进行等级的赋值，通过 GIS 强大的叠加分析技术，可得到建设用地适宜性的等级评价图，为后期景观规划的研究设计提供科学的参考依据。建设用地适宜性等级评价的生态因子数值赋值如表7-3所示。

表7-3　建设用地适宜性生态因子赋值表

等级赋值	坡度（°）	坡向（°）	NDVI	高视点	高程（m）	缓冲区（m）
1	10	东、东南	低	可见	<380	60
2	10~25	西南	中	—	180~600	60~120
3	25	北	高	不可见	>600	>120

第三节　GIS 与乡村旅游空间景观布局
——以西胜沟景区为例

一、研究区域概况

（一）景区位置及交通概况

西胜沟景区位于河北省保定市唐县齐家佐乡西胜沟村，位于唐县城北38 千米处，是一条 7 千米长的峡谷，可通过自驾的方式由唐县县城耗时一小时到达西胜沟景区。它属于青虚山风景名胜区范围内的一个景区，西南临青虚山脉景区，东北部临唐县漂流景区。

（二）自然地理状况

西胜沟景区峡谷内有飞泉瀑布，自然景观以喀斯特峰林景观为主，此处，溪流终年不断，九处龙潭星罗棋布，秀丽美观。景区内部自然景观丰富，地形地貌十分丰富，其间怪石嶙峋，造型各异的钟乳石位于悬崖之上，乔木、灌木等地被植物层级丰富，以杜鹃、海棠与葛藤为主，可谓一幅秀丽的画卷。景观以溪流、峡谷、潭瀑、露天钙华等风光为主，川流的瀑布一泻千里，怪异的奇峰林立，景色宜人。满沟的杜鹃、海棠、葛藤、灌木构成一派旖旎风光。

（三）社会发展和人文状况

区域内的重点文物古迹有一座风格独特的明代建筑无梁殿，建筑自身的结构秉承道教的文化理念，是非常珍贵的历史研究资料。西胜沟景区内可以摘瓜择菜、土灶做饭、烤红薯，农家趣味浓厚，可以让游客找寻儿时记忆，是休闲放松的好去处。西胜沟景区位于保定市唐县的青虚山景区内，该区域的旅游发展状况良好，属于城市周边的自然旅游景区，一般是河北省境内城市居民的游览去处，属于地文型综合景观，是兼具人文因素和自然因素的综合景区。西胜沟是名副其实的山水画廊。

二、研究区资源调查与数据处理

西胜沟位于唐县境内，周边临近保定、石家庄、北京、天津，具有市场区位优势，距离华北地区几个重要的客源市场在 250 千米以内。这些旅游客源市场规模庞大、出游能力强，使得唐县具有旅游业发展得天独厚的市场优势。根据 GIS 技术的数据收集和分析，可以了解西胜沟景区的主要旅游资源有西胜沟二龙潭瀑布、西胜沟三龙潭瀑布、西胜沟四龙潭瀑布、仙人瀑、龙泉、天门峡、北天门、岩溶峰、一亩石、仙人洞、扣仙钟、掉仙人、聚仙崖、透天涯、西胜沟峡谷、二龙戏珠、无梁殿。这些旅游资源共同构成了西胜沟景区的特色景观，包含各类型旅游资源。景区各景点较为完整，但有待进一步优化。

三、基于 GIS 的乡村空间资源评价

（一）旅游空间生态敏感性评价

通过对西胜沟景区的地形地貌的分析，以及与前期的生态因子进行叠加，可以得到西胜沟景区的生态敏感性分析图。通过对旅游景区生态敏感性的等级分析，对西胜沟旅游景区的规划建设和开发保护提供分析依据，使景观生态保护和景区规划建设之间的不协调得到合理、科学的调节，使西胜沟景区生态可持续发展。分析与利用 GIS 技术的叠加分析，把西胜沟景区主要的游览景区分为三个生态敏感度等级进行评价分析，分别为敏感区、较敏感区、不敏感区。在敏感的区域内，要进行生态景观的保护，尽量不要规划后期建造大规模建筑，需要规范要求景观规划建设，只设置规模较小的景观设施；在较敏感的景区范围内，可根据规划要求，规划建设一定的景观设施，开发新的游览道路和娱乐景点；不敏感区域是旅游景区主要的游憩游览观光范围，可以在原有的基础上进行开发和利用，完善景区景点的布置和游线的组织，以及功能分区的规划等。

（二）旅游空间建设用地适宜性评价

通过前期景观可建设用地适宜性的分析研究，根据实际分析需要，研究

将所选的研究因子分为三个等级，根据前期研究分析以及技术路线数据的选取，在分析的基础上对这些因素进行重分类后叠加分析，依次将坡度等级分布图、坡向等级分布图、高程等级分布图、高视点不可见等级分布图、道路水体缓冲等级分布图、植被等级分布图进行叠加，得到西胜沟景区建设用地适宜性等级评价图。

叠加得到的建设用地适宜性等级评价图，将西胜沟景区的主要景区范围分为四个可建设适宜性的等级，分别为一级适宜建设区、二级适宜建设区、限制建设区和严禁建设区，每个区域面积分别约为 1.57km²、1.758km²、1.605km²、2.244km²，在景区中占总面积的比例约为 22.92%、24.41%、20.34%、31.19%。对于西胜沟景区来说，我们可以在一级、二级适宜建设区规划开发建设景观设施，在不破坏原有的景观平衡性的基础上建设适当的新的规划开发项目，丰富景区建筑设施。那么相对来说，限制建设区域是景区生态比较脆弱、景区自然条件丰富、植被生态敏感度较大的区域，应该酌情规划开发，合理利用景区自然资源，尽量保持其原始生态性。在严禁建设的区域则明确禁止建设大规模的建筑，防止破坏景区的景观协调性和自然资源生态性。

四、乡村景观空间布局规划

（一）景区优劣分析与规划定位

1. 景区的优势

西胜沟景区自然资源丰富，以自然景观为主，景色宜人，沟谷溪流相互映衬，搭配无梁殿、摩崖碑等名胜古迹，使其成为名副其实的生态休闲旅游景区，景区可开发建设潜力巨大。

2. 存在的问题

通过前期的研究分析，结合规划建设分析，西胜沟景区已初步开发，但存在一些问题。比如：开发起点较低，特别是景区大门的设计建设不当，沿沟铺了一条水泥游道，与周围景观很不协调；景区内原有村落和八路军后勤、兵工厂遗址因屡遭战火蹂躏，天然树木现存很少，多为单调人工林，主要是杨树、柿子树、花椒树等；景区大门之后的铁甲波槽影响景观，应该开发改造；峡谷潭瀑、溪流等景观为西胜沟景区的精华特色，但缺乏较大规模的水景，尤其是入口处和前景区；游线布置不合理，没有形成环路，且缺乏规划、宣传与营销。通过研究规划，解决这些实际问题尤为迫切，要通过科学合理的分析规划和景点设计，使西胜沟景区更为完善、优美，提高景区吸引度。

3. 规划定位

计划规划建设为国家 AAAA 级景区。

（二）基于 GIS 的功能分区

基于前期 GIS 技术的辅助分析研究，我们可以根据景区生态敏感性、可建设用地适宜性，综合对生态规划开发适宜度的分析，得到研究区景区功能分区图。西胜沟景区属于渐进式的空间布局，以线形布局为主，将景区内的不同景观节点组合在一起。其整体功能分区主要有四个，主要包括游览区、次要游览区、限制游览区、生态保护区。这四个主要的功能分区是根据叠加分析的基础，综合各类因素得到的总的功能分区，然后根据景区的自然资源和人文资源特色，可以具体分成农林生产区、游览区、入口综合接待服务区、游船水景娱乐区、民俗文化区、管理留宿区等几个具体的分区。

通过分析，西胜沟景区是具备观光、回归、健身、避暑、休闲、度假功能的综合性旅游景区，形成峡谷生态型的旅游景区，自上而下地形成龙泉、天门峡、双龙峡的三段规划形态。

通过利用 GIS 的辅助分析，我们可以方便快捷地得到科学合理的西胜沟景区的功能分区，从而对景区的规划保护和发展起到积极的作用，使景区向着良性发展。对景区进行量化的分析并且对其进行合理的功能分析，从而合理规划各部分功能区的景观设计，优化了景观资源的分布规划，提升了景区吸引力，创造更多的生态经济效益。

（三）研究区空间景点规划

利用 GIS 技术分析景观节点的选择，主要考虑地形因素和视觉因素。通过前期研究分析可知，在分析景区景观节点的研究中，我们可以通过选取地形中坡度适宜的区域来规划景观节点，通过分析，结合可建设用地适宜性和生态敏感度的分析评价、旅游区资源等级评价等因素，分析景区景观节点的合理性和进一步对景观节点进行规划设计。

西胜沟景区的主要景点有西胜沟二龙潭瀑布、西胜沟三龙潭瀑布、西胜沟四龙潭瀑布、仙人瀑、龙泉、天门峡、北天门、岩溶峰、一亩石、仙人洞、扣仙钟、掉仙人、聚仙崖、透天涯、西胜沟峡谷、二龙戏珠、无梁殿。这些景观节点大部分处在适宜建设的规划范围内，保证了景区的生态环境不遭到破坏。对于景区景观节点的视域的分析，研究选取几个主要的景观游览景点进行分析，分别是入口广场处、龙泉、二龙潭瀑布、掉仙人、无梁殿、透天涯。综合分析可以得到每个景点所在位置范围的视域面积的大小，直观地看到各景点的视域范围，在规划新景点时，可以利用这种方法进行分析研究。叠加这些景点可以得到所有景点的可视与不可视的区域范围，分析得到的区域则为适宜景观规划的区域。在这些视域相互交叉的范围内规划景点，有利于使景观资源最大限度地得到欣赏，优化景点的设置。

在选择观景台的景点设置时，可以通过视域分析比较哪个位置的视域范围较开阔，则选择该位置进行规划开发。选择西胜沟景区地形地势较高的位置得到适宜开发的几个观景点的视域，综合分析，得到其可以观赏的范围，进而确定景观观景台的位置。

第八章 基于5G打造"数字化+文创+旅游"乡村旅游新模式

第一节 基于5G的VR全景系统在乡村旅游中的应用

近年来，我国经济增长迅速，人民生活水平不断提高，使得休闲度假类的旅游产业得到了迅速的发展。我国地理资源丰富、人文历史悠久，吸引了众多国内外的游客。随着VR全景系统在乡村旅游中的应用，越来越多的人足不出户就能够了解并体验各地的自然人文风情，并合理、有效地安排自己未来的出行计划。

近年来，虚拟现实技术发展迅速，虚拟现实头盔显示器的性能也大幅提升。如今，虚拟现实技术已广泛地应用于旅游、医疗、教育、军事、销售等领域，而虚拟旅游则是借助计算机模拟从而生成景区的实景环境，再通过虚拟现实头盔的显示器，让使用者沉浸其中，有身临其境的体验。

景区环境的模拟通常有两种方式：一种是运用三维建模模拟再现景区的实景环境，这样的方式可以准确地展示景区的空间布局，然而这种方式不能完全地真实再现场景，仅仅只是一种使场景近似于景区的仿真方式；另一种则是VR全景展示方式，将360° 全景技术与虚拟现实的头盔显示器两者相结合，再经过选点拍摄景区的实景，将其制作成360° 的全景，并且利用虚拟现实的头盔显示器观看全景。VR全景方式真实感很强，能真实再现乡村景区全貌。

三维建模的方式建设成本高，不宜传播，实时渲染对设备要求十分高，而 VR 全景的方式相对来说成本更低，可以通过网络迅速传播。鉴于 VR 全景的优势，研究提出了基于 VR 全景技术建立的在线虚拟旅游平台的方案。这一方案将提出针对虚拟旅游平台搭建过程中存在的难点的解决方法，且适用于各种旅游景区虚拟旅游平台的搭建过程。

一、VR 全景技术

（一）VR 全景技术的基本定义

全景又被称作 3D 实景，是一种新兴技术。全景与声音、图片、视频等传统流媒体最大的区别在于它具有"操作与交互"的特性。全景主要分为虚拟现实和三维真实场景。在虚拟现实中，通过 Maya 等软件创建一系列模拟的现实场景，代表作有虚拟紫禁城、河北虚拟游、泰山虚拟游等。另一种类型——3D 实景是利用单反相机或街景车拍摄现场的真实照片，通过特殊的方式进行整合、处理，让使用者感觉在绘画环境中游览，展现出环境最美的一面。以选点拍摄的方式制作出全景的技术被称为 360° 全景技术，它可以全方面呈现现实场景，而基本的呈现方式则是通过电脑屏幕显示出来，并结合鼠标拖拽展示。在该技术的帮助下，使用者可以轻松做到全方位浏览场景画面。

VR 全景是将 360° 全景制作成适合虚拟现实头盔显示的呈现形式，结合陀螺仪等基本硬件，采用虚拟现实头盔的沉浸式方式呈现，给予使用者身临其境的体验感。而 VR 技术与全景技术相互结合，是将传统的电脑显示器结合鼠标的全景展示方式转变为虚拟现实头盔展示方式，这是对传统全景技术的一项重大突破。到目前为止，VR 全景技术已经在云逛博物馆、房屋销售、线上车展、虚拟旅游等相关领域被投入并广泛运用。

（二）VR 全景技术的基本信息

"全景"是利用相机，甚至是手机全景拍照功能，360° 拍摄一组或多组照片拼接而成的全景图形。"全景虚拟现实"则是基于前者的真实场景虚拟现实技术，还原真实场景，而且与使用者产生互动，实现身临其境的体验感。通过播放插件，结合鼠标控制环视场景的方向，可左可右，可近可远，与观众产生交互式体验，使观众类似于在窗口之中浏览外界的旖旎风光。尤其是伴随网络技术的发展，它存在的优越性更为突出，让人们在足不出户的情况下，运用互联网就能够进行360°的全景观察，并且通过交互的操作，让使用者能够自由浏览，从而体验三维层面的VR视觉世界。①

（三）VR全景技术的特点

全景是给人以三维立体图像之感的实景360°全方位图像。这一图像的三大特点如下。

1. 全方位

VR全景技术可以更为全面地向使用者展示360°球型范围内的所有场景，可在例子中使用鼠标左键按住拖拽，观看各个方向的场景。

2. 实景

实景即为真实的场景。在一定数量的照片基础之上拼合生成三维实景图，可以最大限度地保留原有场景空间的真实性。

3. 360°环视效果

将平面的照片通过软件处理得到360°实景，从而给使用者带来三维立体的空间感受，使其犹如身临其境，实现"云"旅游、"云"看博物馆、"云"购物。

（四）VR全景技术的优势

将基于全景图像的虚拟技术与基于多边形的虚拟现实相对比，我们可以得出结论，全景技术具有以下优势。

（1）真实性强，是通过实景场景的摄影，逼真地还原实际场景。

（2）硬件要求低，普通电脑就能够播放，无须建设专门的工作站。

（3）产品的开发周期短，成本低。拍摄制作比三维制作速度更快，时效性也更强。

（4）导览性、交互性强，能够与Flash技术完美结合。

（5）画面质量高，全屏场景清晰度高，连细节都十分完美。

（6）数据量小，十分适合网络式访问观看。

① 朱治衡，魏光普，于晓燕，等.白云鄂博矿山公园5G景观设计更新策略研究[J].现代园艺，2021，44（7）：83-87.

（五）VR 全景技术的市场前景

政策方面：近年来，我国将 VR 产业定位为超前发展的战略性新兴产业，通过出台鼓励发展政策、扶持产业发展基金等多维度助推 VR 产业发展。自 2021 年以来，工信部、商务部、文旅部等相关部门纷纷出台相关政策，鼓励推广 5G+VR/AR 等应用，通过 VR 等形式展示乡村风光和文化，打造 5G+VR 全景虚拟购物导购云平台，发展"沉浸式"文旅消费等。

市场方面：目前，各行各业都在拥抱 5G、结合 VR，VR 全景成为商家青睐的一种新颖广告宣传方式。各大互联网平台也纷纷上线 VR 全景上传 / 展示功能，提升用户体验，如百度地图、携程、口碑、飞猪等。

二、虚拟旅游平台

深入分析并研究旅游景区的展示要求及游客虚拟旅游的体验要求，以此为基础设计虚拟旅游平台的功能模块，如图 8-1 所示，主要有景区导览、景点漫游和 VR 展示 3 个功能模块。

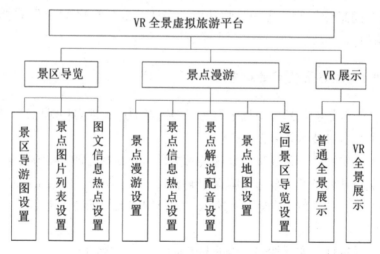

图 8-1　VR 全景虚拟旅游平台功能模块

整个 VR 全景虚拟旅游平台的入口便是景区导览，在景区导览界面将以 360° 环绕的方式呈现导游图、各景点图文介绍、各个景点入口图片列表等热点。经由鼠标单击或注视等相关操作，可以打开这类热点链接。

景点漫游可以做到对具体景点实现各个场景之间的全景切换，从而达到点到点的漫游效果。同时，它能够为不同的场景配背景音乐及解说词，让使用者在观光游览的同时也可以了解场地相关人文及历史背景；同样，为了便于体验者在各个景点之间来回切换，还设置了一键返回主页。

VR 展示的出现主要是为了提升使用者的满意度，优化整个虚拟旅游平台针对 VR 头盔显示器的设计，让使用者可以更便捷地在 VR 模式和普通模式之间来回切换。

三、虚拟旅游平台如何实现

VR 全景虚拟旅游平台已经实现了前期全景拍摄技术和后期软件展示技术两个方面。

（一）前期全景拍摄

定点或移动式全景拍摄大多是运用全景云台、超广角相机、视频全景设备，收集指定场景的序列照片，再通过图像拼接技术制作成全景的效果照片。

第一，拍摄的设备是有差异的，拍摄的方法也并不相同。如果要选择单反相机，那么因镜头焦距的不同，采集照片的数量也有所不同。比如，利用鱼眼镜头，针对某场景点，采用水平、斜上（45°）、斜下（45°）三层 18 个拍摄角度拍摄场景原始照片，如图 8-2 和图 8-3 所示，相比之下，全景相机完成此任务更有优势。第二，利用 Photoshop 专业图像处理软件将采集的场景照片合成、修饰为全景照片。

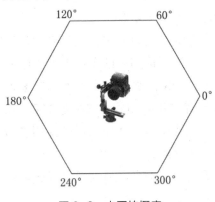

图 8-2　水平拍摄度

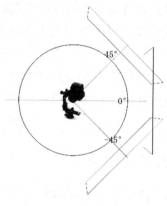

图 8-3　垂直拍摄度

（二）后期软件实现

后期软件实现主要涉及 UI 界面设计、技术选择及 VR 功能实现 3 个关键点，具体如下。

1. UI 界面设计

景区导览界面是 UI 设计的核心重点。景区导览界面的实现让使用者很便捷地在 VR 模式中操作。采用 360° 环绕的方式，将各个景点以图片热点的形式呈现场景，主摄像头位于环绕中心。每个场景都能够轻松返回主页，便于使用者在各个景点场景与首页之间来回切换。以上设计能够保证使用者在 VR 头盔中完成整场体验。

2. 技术选择

技术选择主要考虑以下 3 个要素。

（1）便于传播。虚拟旅游平台开发让浏览者通过互联网就能够身临其境地体验多个景区的美好风光，达到帮助浏览者规划旅程路线的目的。

（2）便于使用者进行 VR 体验。每个景点选取多个场景进行拍摄。为了让使用者既对景区景点有初步的印象，又能够对各个景点进行深入地浏览，平台必须具备相对完整的 VR 体验功能，保证使用者可以在 VR 环境中选择自己感兴趣的景点场景进行体验。

（3）便于通过手机查看。平台需另外提供普通全景模式，使其能够通过手机进行浏览体验。

与此同时，通过调研发现，VR 全景技术实现主要有以下几种技术：虚拟现实引擎结合 VR 技术、HTML5 技术、第三方全景制作工具。综合考虑如上因素，并兼顾 VR 体验与传统全景体验的结合，本平台将采用 Krpano 与 HTML5 技术的结合实现全景漫游与 VR 展示功能。

3.VR 模式的实现

在普通全景模式的基础上添加 VR 插件实现 VR 模式，从而符合 VR 设备体验的功能。通过 VR 头盔体验场地全景，让使用者能够拥有沉浸式的体验，便是 VR 模式的基本原理。所以 VR 模式的实现，关键在于使场景根据体验者的视角变化，体验者两只眼睛能够看到的内容有一定差异，如此，便可以产生距离及深度层面的立体视觉感受。[①]利用人眼的这一特性，在全景的制作过程中，针对左眼与右眼分别制作对应的全景，便能够实现具有更加强烈的立体感、沉浸感的 VR 全景体验。而 VR 功能平台的实现，需要兼顾 VR 模式与普通全景模式。

虚拟旅游平台能够让游客提前直观、沉浸式地体验各个旅游景区不同的景观，使游客能够更合理地安排行程、选择适合自己的旅游路线。它能够使人们足不出户便能实现旅游的沉浸式体验。它的可视性能有效地进行宣传，符合国人眼见为实的固有思维。它能更直观、更精确地介绍各个旅游景区，引导游客拟定地点、前去游玩，具备十分强大的吸引力。所以，虚拟旅游平台在旅游业有十分广阔的发展空间，对发展数字经济、智慧乡村旅游，推行数字乡村有着很重要的作用。

第二节　基于 5G 的乡村旅游智慧导览

基于 5G 的智慧旅游是信息技术与旅游发展相结合的必然趋势。智能景区导航系统的运行环境以游客的手机为主，通信网络和导航云服务中心进行导航。景区内的游客可以通过手机 GPS 定位获取具体位置信息，然后通过高速无线通信网络将具体位置信息传输到云服务中心。云服务中心分析位置信息，为游客提供有针对性、详细的讲解服务，包括文字、语言、图片和视频。同时，游客可以在终端上使用该应用程序设计旅游路线，进行公众信息查询，查找朋友的位置，记录和分享体验。云服务中心不仅可以为游客提供

---

① 刘秀丽 .5G 技术引领下乡村旅游形象的游客感知与优化 [J].农业经济，2020（12）：140-142.

有效的导游信息，还可以记录游客的旅游轨迹，同时帮助分析游客的旅游体验，提供进一步细化或者深度游的路线设计，完善旅游景点基础设施，提高游客的满意度。

"智慧旅游"已成为旅游产业未来的发展方向。智慧旅游主要是将5G网络、云计算、大数据等新的信息化技术应用在旅游过程之中，以此满足游客的个性化需求，共享旅游资源，从而提高它的利用价值。智能化技术与旅游行业的融合，在全球不同国家和地区早已被使用，比如，英国和韩国都建立了智能导游系统；美国基于RFID技术在滑雪场研发了定位装置，便于外国游客能够随时查找地图等相关旅游信息。

一、智能景区导览系统的研究及应用现状

（一）智能景区导览系统的主要目标

建设智能景区导览系统的主要目标包含智慧的感知、数据的融合、数据的分析及预测和智能推送四个方面。

1. 智慧的感知

智慧的感知主要利用智能的视频监控技术做到实时感知和管理，能够随时随地准确地进行监测，并时刻有效控制进入景区的游客人数，监测各类突发事件，采取防范措施，做到应急处理，确保景区人员的安全，并对旅游结构和旅游统计进行分析，为旅游相关资源的深入开发提供决策层面的支持。

游客能够通过景区内部的智能感知终端，及时地在景区相关设备和智能手机设备上获得智能导览和解说，其中包括丰富的景区资讯以及其他游客对景区的具体评价，并且能够通过景区公共服务门户成功进行虚拟旅游。

2. 数据的融合

通过多系统的集成，从而实现"智能大脑"。融合独立运行的各子系统，提供外部接口，与景区外部的第三方系统互联互通，再融合和处理数据，发挥旅游行业管理系统的效能，如商场、酒店、停车场、娱乐场所等独立业务系统与其他旅游管理部门、旅游相关行业、游客的各种信息共同组成一种旅游业数据，实现共享和交互。

3. 数据的分析及预测

智能景区可以智能分析历史数据，预测未来的交通状况和交通数据。游

客可以在公共旅游服务门户网站中搜索各种多媒体旅游信息，其中包括旅游方面的行政信息和商业诚信信息，并根据当下趋势分析这些公共数据，选择自己心仪的旅游产品，再进行门票、酒店、餐饮、旅行商品等的预订。

4. 智能推送

智能化的服务平台将处理后的信息主动推送给游客，也可以推送给主管部门。游客能够在旅游公共门户网站上自动获得他们想了解的旅游产品信息，而主管部门可以通过平台随时获取人员流量、交通流量等所需的信息。

游客可以在景区的公共门户网站上根据所处位置和时间，获得当地季节性旅游路线和旅游产品的推送，如湖北大悟乡镇春季赏桃花、樱花，秋季观银杏叶，因此推送的观赏路线不同。新注册用户可以根据个人特点自动优化界面信息，或者根据兴趣爱好关键词设定个性化界面。门户网站可以提供旅游路线的实时信息、目的地附近的交通流量、停车场，以及旅游路线指南等相关自助旅游信息。

（二）智能景区导览系统功能需求分析

1. 旅游信息发布

旅游信息服务主要提供景点信息浏览与说明、旅游攻略、周边信息等相关服务。

旅游信息服务是将游客与景区连接起来的纽带。通过旅游信息服务平台，用户可以很便捷地了解景点信息，如景点介绍、旅游攻略、门票价格、天气、交通信息等相关信息。乡村景区举办的节庆主题活动还可以通过旅游信息服务平台发布相关的活动信息等。

截至 2017 年 2 月 25 日，中国已有 247 家国家 5A 级旅游风景区，仅黄山风景旅游区就拥有 40 多个旅游景点，给游客查询和景区维护等相关工作都带来了前所未有的挑战。因此，我们需要一个能给每个景区发布旅游信息的综合平台，使游客可以借助此平台享受到更为专业、更加实时、更为高效的旅游信息服务。

2. 旅游信息导览

鉴于景区的景点多、面积广阔，在网络信息时代，纸质地图难以满足游客的基本需求，而智慧旅游导览系统能够为游客提供自助的导览服务。游客可以通过手机享受到智能化的导览服务，通过电子地图查看景区里所有景点的信息，还可以根据兴趣爱好点击详情页查看更为翔实的信息介绍。旅游旺季时游客的流量大，容易造成景区拥堵，通常游客对景区路线不熟悉，在这样的情况下，他们能够通过旅游导览的定位服务，清楚了解到自己所处的位置以及距离目标景点之间的距离；同时，App也能根据游客当前的具体位置，提供附近的景点信息。游客选定了景点后，可以使用智慧导览系统查看该景点的地图和推荐游玩路线。旅游导览主要有以下几种功能。

（1）地图浏览功能。通过手机App浏览景区电子地图。地图包括景区所有分布的景点、景区整体地形等。游客可以任意缩放地图、标记地图，从而全面了解景区。

（2）定位功能。使用手机的GPS/基站/Wi-Fi定位服务，实时、准确地了解当前的地理位置。不仅如此，游客所在的位置周边的配套设施，如商店、加油站、银行、医院，都会在系统上显示。

（3）景点查询功能。游客输入关键字就可以搜索景点相关信息。系统显示与之匹配的景点列表，点击进入之后能查看其详细信息，如景点详细介绍、景点门票预订、景区注意事项、景点开放及关闭时间等相关信息。

（4）附近景点推荐功能。游客的地理位置被系统定位之后，系统就能够通过当前所处位置的经纬度数据，计算出景区游览点与游客之间的距离，将距离最近的景点推荐给用户。

（5）景点导航功能。在系统里输入目标景点名称进行导航，就能确保游客准确到达目的地。

3.智能导游功能

传统人工导游方式难以给游客提供一对一的具体化服务，同样，绝大多数游客也难以安排个性化旅游行程，因此普通游客的舒适度难以提高。以峨眉山风景旅游区为例，每逢国庆、"五一"、春节迎来旅游高峰期时，人流量陡然成倍增长，而传统的人工导游方式完全无法满足游客和景区的需求，还会造成景区拥堵、设施供应不上等问题，游客的舒适感随之降低。针对这种情况，本系统的优点就凸显出来，传统人工导游被游客手机里的智能软件系统代替。处于旅游高峰期时，App会在用户进入相应的景点范围后，播放相应的景点讲解音频。这种新型导游方式足以摆脱传统人工导游模式的约束，使用户能够享受到更为轻松、智能的旅游体验。

乡村旅游景区往往景点多，区域面积大，片区路线复杂。如何在乡村众多景点之间选择一条满意的旅游路线，使游客们在游览时间、费用和旅游体验上都能满意，这是游客期待、景区规划者管理者都在研究的问题。基于该问题的思考，本系统将通过收集用户的相关注册信息（年龄、性别、兴趣爱好、关注事物、城市等），利用后台服务器推荐的算法分析处理，精确地为游客提供合理的旅游路线。利用这一方法，既可以让游客避开人流高峰出行，节约出行时间，观赏到最热门的景点，选择适合自身体力的游览距离，又可以提高景区客流周转效率。

4. 旅游信息统计与分析

近年来，随着微博、微信等社交平台的兴起，人们都乐于在社交平台分享个人旅途感受，因此，智能旅游应用需要提供点评和分享的功能。景区管理人员能够根据游客的一系列反馈信息做出相应的改善升级，而且能够通过平台收集游客用户的数量，游客所处地理位置分布，游客年龄、关注点、食、住、行等海量数据信息，进行统计分析后，再反馈给旅游景区规划的决策者，这一体系对旅游市场的趋势判断和发展起到至关重要的作用。

（三）现有智能景区导览系统分析

现在，为了减少噪声干扰，国内外大部分博物馆和室内展厅都普及了电子导览器的使用。电子导航的发展历程可分为视频触摸、数字按键、扫描或射频识别和实时定位。在首都博物馆、湖北省博物馆等场馆的展厅入口处都配置了电子翻译。当游客到达一个新的景点时，只需按下电子翻译器上相应的按钮，就可以听到景点的详细介绍。数字按键式电子讲解操作极其简单，可是只提供提前录制的简短的音频内容。

目前，像广州的陈家祠等旅游景点已经引入触摸式视频讲解方式。游客只需在屏幕上点击对应的按键便可了解景点全部信息，满足众多游客的基本需求。游客还可以通过扫描二维码识别。游客可以事先下载好对应的导览应用，到景点扫描二维码即可，景点的音视频信息会根据扫描结果自动展示。它无须提供更多的硬件设备，非常便利，使游客仅仅需要利用随身携带的手机扫描二维码即可，但这种单向的方式推送的内容是有限的，且缺乏与游客的互动性。

实时定位可以通过 GPS 技术、GIS 技术、无线通信技术和室内综合定位技术获取游客的具体位置信息，向游客自动推送景点的音视频信息，便于游客及时规划路线、查询周边信息等。例如，北京颐和园景区的电子导游系统具备自动讲解和智能引导功能，让使用者可以利用电子地图自行设计旅游路线，它还具备实时定位功能。

一般来说，现有的电子导览系统功能不能称之为智能化，只能为游客提供简单的信息查询和语音播放功能。为了实现真正的智能化，需要具备以下功能：首先，提供智能化的导游功能，为游客提供电子地图等相关的旅游信息，然后通过 GPS 定位等方式生成能自动引导游客的游览路线；其次，提供智能解说和回放功能，通过定位游客位置信息自动检测游客附近的景点，及时地进行路径规划、语音解说等智能服务；最后，提供互动功能，让游客根据自己的意愿定制个性化导游系统服务。

实时定位导航具有优秀的交互性和灵活性。目前，随着智能终端设备的广泛应用，学界都在争先恐后地开展一系列相关技术研究，特别是综合定位和定位服务领域及大数据存储和分析领域。在前一领域，美国 CMU 交互实验室开发了 GPS、集成头盔显示、头戴式耳机和摄像机等智能导航系统，为用户提供位置感知、旅游信息查询和自然语言处理等功能。英国设计了兰开斯特移动导游系统，该系统基于上下文感知进行旅游路线定制和位置发现，并在此基础上添加了成本、天气、时间和位置等指标。此外，AbdulrasoolD、ManoufaliM 等实验室通过在室内安装蓝牙、射频等传感设备，开发了一种新型的室内定位制导系统，用于盲人室内引导测试。而在中国，科学家刘宇轩则是利用 ZigBee 平台，合理地解决了如何在密集景点的情况下还能够准确播出景点讲解的问题；聂雷刚等学者采用改进密度法，根据不同的半径搜索各景区，为游客规划最适合的旅游路径。云计算是大数据存储和分析方面的主流技术。在中国，领先的云服务提供商是阿里云，其产品包括弹性计算、云数据库 RDS、底层技术平台、存储和 CDN。

二、智能景区导览系统的功能解析与实现手段

基于 5G 的智能导览系统是本次研究着重关注的内容之一，它的工作流程如图 8-4 所示。第一，游客可以下载 App 软件并安装。景区地图、导游讲解词与音频材料、景区图片是软件包含的内容。游客可以在入园后打开应用软件，按照软件提示选择适合自己的游览路线，并且能够按照自我喜好输入关键词，包括时间、景点等，以此来定制适合自己的行程。应用软件会

在有了具体的游览路线后自动打开移动终端设备上的 GPS 定位功能，为游客提供旅游行进导游服务。基于 GPS 的精确定位功能的准确性，应用软件会在游客到达某个特定景点时自动开启该景点的详细信息，通过语音播报进行介绍。游客可以使用应用已存在的游记日志功能记录自己的旅途感悟和照片，还能够将这些记录分享至其他社交平台。

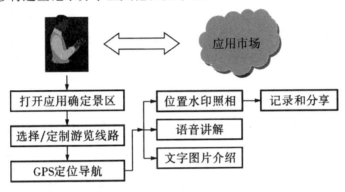

图 8-4　智能导览系统基本功能流程

客户端和后台两大部分组成智能导览系统。在智能手机或平板等移动终端设备上运行客户端，功能较多，分别有导览解说、公共信息查询功能和电子日志与分享、地图功能、辅助功能。

（一）电子地图

它是智能导航系统的核心功能之一。利用百度地图或谷歌地图提供的开发界面，结合终端设备的 GPS 地理信息定位功能，可以在电子地图上定位旅游者的具体位置信息。GPS 定位功能可以在客户端后台运行，最终的计算结果会显示在 UI 界面上。在导航系统的实际应用中，有必要考虑到室内外的某些景观无法接收到准确的 GPS 信号，这时就可以使用 Wi-Fi 信号定位或者二维码辅助定位了。其中，Wi-Fi 信号定位系统可以从服务器端获取景区的无线路由表（Wireless Router-table），然后保存到终端的数据库中。检测到 Wi-Fi 信号后，通过搜索无线路由表进行匹配，将用户当前位置信息标记在地图上。系统会根据信号的情况自动切换两种定位方式——导航功能和游览路线规划。在对整个景点的选择和介绍的基础上，利用服务器提供准确的计算，然后通过前台显示主要的游览路线，游客可以设计自己的旅游计划。该功能提供了以下两种方式：一是系统推荐多种旅游路线供游客选择；另一种是让游客创造自己的路线。选择完成后，系统终端判断游客是否下载了相关景区信息数据，如果没有相应的数据，将自动下载并保存在本地数据库中。下载完成后，系统会根据游客自己选择的表现方式，在界面上显示景点的具体信息。如果游客选择了系统推荐的路线，界面会显示该路线和景点的基本信息，供游客查询。如果游客选择构建自己的旅游路径，界面会根据游客输入的一系列关键词，包括设定的时间、主要景点等，通过智能分析，在地图上生成最佳的旅游路径供游客参考。该系统还包括相机水印位置功能，这是根据照片拍摄的位置将地理位置和景点信息添加到照片中，以方便用户在未来管理照片。

很多时候景区人流量大，游客很容易迷路。但在系统的提示下，游客可以很快找到朋友所在的位置。如果他们有对方的联系电话，系统将自动识别他们为朋友。系统终端将在电子地图上显示双方的位置信息，地图将标记保存在联系人的姓名中。

（二）导览的显示与解说

导览的展示和讲解为游客提供了智能导览功能。当用户到达景区附近时，客户端通过自动检测系统检测到用户所在位置，并为用户提供智能导览解说服务。为了让用户更充分地了解景点的详细情况、历史典故等资料，使用户可以将景点的基本文字、图片等信息数据存储在客户端本地数据库中，景区的多媒体信息会经常更新。用户从客户端向服务器发送请求，服务器收到请求后向客户端发送更多相应景点的相关信息。当用户访问完景点并离开时，客户端会自动将该景点标记为已播放，之后不再出现在导航栏中。

（三）公共信息查询功能

游客可以查询餐饮、休闲等公共设施的位置，游客信息中心或公共厕所的信息，目标景区的天气情况，景区内的客流情况。服务器根据查询请求的参数访问内部数据库，在客户端显示返回的查询结果，从当前位置标注信息，并通过电子地图为游客提供路径导航服务。这种功能为游客提供了越来越完善的服务。

（四）日志与分享功能

用户可以在旅游过程中撰写旅行日志。该系统将为用户提供两种方法：一是自动记录景点，客户端可以实时跟踪用户的游览路径，并将用户所访问景点的标志和信息保存到终端数据库中；另一种是人工日志记录，游客可以利用该功能在游览景点的过程中添加图形信息。客户端将生成的图形路径保存到终端数据库中，可以实时拍摄图片信息或从本地相册中提取图片信息。客户端提供了一个浏览界面，使游客可以查看并保存游览过程中产生的游览日志。浏览界面提供了两种不同的浏览方法：一种是基于电子地图标出游览过的景点，游客可以点击相应的标记查看游览日志；另一种方式是通过图库将图形信息按时间顺序展示给游客。此外，游客还可以在微博和微信等社交平台上分享他们的旅行日志。

（五）扫描二维码功能

二维码越来越成为主流的信息存储载体，在本研究中主要用于购票、验证和辅助定位。如果游客想在线购票，他们可以调用客户端的第三方安全支付功能，使用支付宝完成支付。付款成功后，服务器返回经过 MD5 加密的唯一密钥，并在客户端生成并保存指定的二维码。如果游客选择线下购票，他们将获得一张印有二维码的门票。他们可以在到达景区后向售票员出示门票，并使用识别器扫描二维码来验证自己的身份。

除了使用二维码管理门票，智能景区导览系统还建立了一个二维码符号。游客可以用手机软件扫描二维码，获得旅游景点的位置或其他服务信息。这能使游客更方便旅行，获取自助服务。有些景点通过 GPS 定位或 Wi-Fi 无法获得准确的位置，无法自动调出景点和插图，那么可以选择二维码辅助定位功能，根据它提供的位置信息来获取景点。

智能导航系统的背景相当于一个云服务中心。在本系统中，主要功能除了一般的数据通信服务外，还包括好友管理、游客身份认证、景点信息详细介绍、路径分析与规划，以及游客位置信息的记录与更新。其中，路径分析与规划对热门景点进行标记，并在记录和分析大量游客信息的基础上自动生成推荐的旅游路线。如果用户需要自行规划游览路线，系统则可以根据用户提出的一系列约束条件，包括时间计划、主要景点的兴趣等条件，为游客动态组织游览路线。

三、智能景区导览系统的体系结构

本研究在参考国外发展现状的基础上，针对国内主要旅游景点在信息方面的具体需求制订研究目标：统一的智能出行信息公共服务平台是基础，通过宽带网络将出行商务信息系统、GIS 和 GPS，以及各种信息资源进行融合，以网络为中心，实现无缝连接，实现区域旅游服务系统、旅游环境与客户信息之间的智能网络服务协调、信息处理与协同、自动化、智能化、网络化的信息服务。平台设计通过基于 SOA 架构的系统集成方法将新建系统与现有系统进行集成，利用 Web Service 对网络资源进行集成，利用云计算技术实现信息资源按需服务。系统的总体架构如图 8-5 所示。

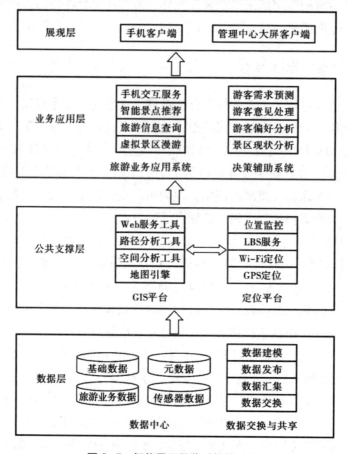

图 8-5　智能景区导览系统体系结构

　　该结构共有 4 个层次,包括数据层、公共支撑层、业务应用层和展现层。其中,数据层有数据中心,能够处理数据的交换和共享。数据中心存储的数据有业务数据和空间数据两种。其中,业务数据包括景区、景点、餐饮、客流、道路、交通和自动数据采集装置收集到的实时动态的传感器的数据;而空间数据则包括统计数据、地理数据、POI 数据等。数据交换与共享有数据交换、数据汇集、数据发布和数据建模 4 个模块。公共支撑层有两个部分,即网络 GIS 平台和定位平台。GIS 平台可以提供通用的数据管理、数据管理接口、地图引擎和重要的智能分析工具(空间分析中间件)以及 WEB 服务模块。经过面向服务的打包,协同组件共同构成了智能导航系统的核心服务功能。定位平台包括 Wi-Fi 定位模块、GPS 定位模块、LBS 服务、位置监控模块等多个模块,通过实时定位旅游事件和组件,支持智能商务。业务应用层分为管理应用系统和辅助决策系统两部分。管理应用系统可以为游客提供智能景点推荐、手机交互服务、信息查询等应用,也可以插入模块中。辅助决策系统包括游客需求预测、景区现状分析、游客意见处理、游客偏好分析等应用,为景区提供插件功能。展现层可以为智能手机客户端和管理中心的大屏幕提供旅游信息的全面显示,以及显示界面和与游客交互的界面。

　　本研究基于 5G 技术、GPS 技术和二维码识别技术,研究并设计了一种基于移动终端平台的智能导航系统。在旅游过程中,游客可以使用推荐的旅游路线或输入系统的个性化关键词,动态规划路径。该系统为游客提供了具体的路线,并提供了步行和汽车的导航功能。当游客到达景点时,系统会自动播放音频解说,并提供景点的其他相关图形信息。当 GPS 使用困难时,游客也可以扫描二维码获得景区导览服务。如果随团旅游,游客还可以通过导游系统随时查看双方的位置,以避免分开。最后,游客还可以利用导览系统查询各种服务设施的动态信息,如天气、人流等信息。智能景区导览系统相对简单实用,具有较强的应用价值,值得广泛使用。

第三节 基于 5G 技术的乡村旅游智慧平台建设

一、乡村旅游智慧平台的建设

（一）平台建设原则

1. 整合发展的原则

一体化的行业信息管理是智慧乡村旅游的保障，而智慧乡村旅游也起到整合整个旅游产业链的作用。建设乡村智慧旅游，需要贯穿各个产业，其中包括各个乡村旅游的交通、住宿、餐饮、景点、土特产购买等。政府需要为此提供统一、高效的管理平台，从而做到行业与管理信息之间的贯通，避免产生乡村信息壁垒。与此同时，在横向方面，需要能够与其他智慧系统实现数据的交换和共享，如医疗、交通、商贸等智慧系统；在纵向方面，需要能够无缝对接智慧系统，如婺源的智慧城市建设系统。

2. 以人为本的原则

新一代信息技术的运用是智慧乡村旅游先进性的体现。为游客提供旅游管理和旅游服务体验也是智慧乡村旅游的最终目的。智慧乡村旅游的主要特征是"人本性"。乡村旅游经营者、管理者、游客和当地社区居民的需求是建设婺源智慧乡村旅游公共服务平台需要整体考虑的。智能管理项目的设计需要简化管理流程，目标是实现乡村景区业务流程的优化和智能运营。这条原则不仅要考虑游客的感受和需求，提供贴心、实用的服务，也要考虑乡村居民的需求，避免游客干扰原有村民的生活。要使村民生活便利，智慧系统应用操作应简单、易于普及，使乡村居民最大限度地参与旅游收入的分配。

3. 因地制宜的原则

乡村旅游地的差异性体现在区位、产品、资源、规模和经营管理体制等方面，因此，必须从实际出发构建婺源智慧乡村旅游公共服务平台；充分考察乡村旅游资源情况、乡村旅游企业情况、乡村旅游效益情况、乡村本地社区情况，深入调研乡村智慧的管理、服务、营销的需求；避免重复建设本质趋同的景观，不能以破坏当地生态环境为代价进行开发，杜绝浪费乡村旅游资源和景区经营管理不善的局面。

4. 循序渐进的原则

实时性、动态性是智慧乡村旅游的特点。智慧乡村旅游公共服务平台的建设要围绕具体的乡村资源和经济条件展开。在智慧乡村旅游建设的前期，应重点加快智慧乡村旅游基础硬件设施建设，完善乡村旅游门户网站，加快乡村旅游电子商务平台建设；在智慧乡村旅游发展成熟后，应加快智慧乡村旅游资源管理体系和游客管理体系建设，逐步引入智慧乡村旅游新技术，实现智慧乡村旅游发展的创新。

（二）平台搭建框架

在已有信息技术的基础上建设智慧旅游公共服务平台，需要应用云计算、物联网等新一代智能技术，依照乡村旅游发展建设现状和信息化建设内容，做到旅游产业转型与升级、资源利用与保护和可持续发展。总体的架构体系拟定可如图 8-6 所示。

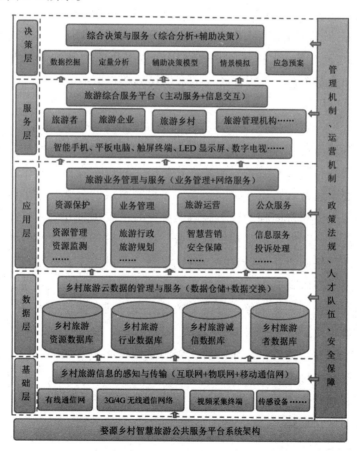

图 8-6　婺源乡村智慧旅游公共服务平台系统架构

1. 系统基础层

基础层包括建设 5G 无线通信网络、传感器、视频采集终端等信息方面的基础设施。融合应用互联网、物联网、移动通信网三网，接入旅游信息的资源和获取、信息的感知和传递，支撑起婺源整个智慧旅游系统的运维。考虑到婺源智慧旅游信息化管理工作的需求，视频监测网、电子票务网和服务终端网等组成了智慧旅游的网络，这些设备网由设备消息中间件联结，集成与整合了底层设备，保障了婺源整体旅游资源的保护与管理服务工作的正常运转。①

2. 系统数据层

数据仓库和统一数据访问平台两部分组成数据层，为婺源智慧乡村旅游系统的数据基础提供支撑。数据仓库支持结构化数据和非结构化数据（图片、音频、视频等）的管理和维护。数据库包括旅游行业数据库、旅游资源数据库、旅游诚信数据库、旅游者数据库等，底层数据库可以实现数据资源的互联和共享。统一数据访问平台可以在数据仓库的基础上，无缝整合游客、政府和旅游企业，并提供统一的数据访问接口服务。

3. 系统应用层

业务管理、资源保护、公共服务和旅游运营是应用层的 4 个组成部分。构建资源管理与资源保护体系，可以合理保护和利用旅游自然资源和人力资源。科学规划和管理县域乡村旅游，是县域乡村旅游发展的安全保障。作为旅游企业安全运营和智慧营销的平台，乡村智慧旅游公共服务平台为来婺源旅游的游客提供非常周到的智慧旅游服务。景区管理者和旅游行政部门利用智能管理系统控制游客流量和车辆流量，保护、管理和经营婺源的自然资源和人文资源。旅游企业借助自媒体营销平台、公共电子商务平台等，通过智能营销系统实现联合营销、信息共享和个性化营销。通过该系统，旅游者可获得全程的信息和智能服务，使整个旅游过程特别方便、轻松。

4. 系统服务层

乡村旅游参与主体——旅游者、旅游企业、旅游管理部门等，利用智能终端（手机、平板电脑等）接入婺源智慧旅游公共服务平台，可以在智能应用系统中实现智能服务、智慧管理、智慧营销，满足两者的需求，实现两者之间信息的交互连接。

---

① 王依鹏. 基于 5G 通信技术的乡村旅游智慧化发展研究 [J]. 现代经济信息, 2019（19）: 355.

5. 系统决策层

基于应用层的决策者应用系统，通过结合专家知识系统，结合定量分析的数据挖掘、情景模拟和辅助决策模型等一系列方法，为景区管理机构和旅游管理部门对景区在重大事件和突发事件做出全面的决策提供技术支持。乡村旅游规划布局决策的科学性和透明度应大大提高。

（三）平台建设内容

按照上文的理论框架，围绕平台四大应用体系，平台具体建设内容参考如下。

1. 婺源智能平台基础设施建设

（1）硬件设施建设

首先，婺源各个部门之间的合作需要加强，重视建设基础设施并加大资金投入，借着政府大力推行数字乡村的契机着重建设数据采集设备（摄像机、照相机、扫描仪等）、计算机及相关设备、通信线路（交换机等）等硬件设备。婺源所有景点和旅游乡村都将全覆盖 Wi-Fi，致力于提高贫困地区乡村信息化建设速度，改善旅游乡村硬件条件。其次，应重视婺源乡村智慧旅游感知系统的完善。实现人、物的有机结合是智慧旅游的主要目的，而物联网是智慧旅游建设的核心技术之一。因此，在电信网络、互联网、有线电视网三网融合的基础上，婺源乡村旅游需要在乡村景区逐步推广物联网技术。在婺源古树、古洞、古建筑等物体和设施中嵌入各种创新的感应技术，使感应技术具有自组织沟通和信息处理的能力，实现自动控制和环境感知，并对景区的地理事物、自然灾害、自然人力资源和属性、游客行为和景区人员信息等进行全面、实时、深入的感知，构建完善的感知体系，促进婺源智慧旅游的发展。

（2）软件系统建设

除硬件设施的建设外，还应在政府引导下，积极地与智慧旅游供应商进行合作，开发一套包含地理信息服务系统、融合通信服务系统、智能信息服务系统等的软件系统和配套的安装系统，如图 8-7 所示，适应婺源乡村旅游的特点与特色。

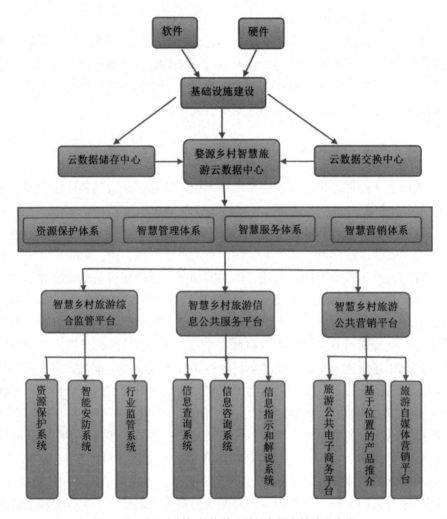

图 8-7　婺源乡村智慧旅游公共服务平台的建设内容

2.婺源智慧乡村云数据中心

婺源智慧旅游建设的基础与关键是云数据中心，同样，智慧服务、智慧管理、智慧决策的前提也是云数据中心。云储存和云交换中心是婺源云数据中心的两个部分。此中心的建设应按照统一的标准进行数据的采集、储存与发表，经由统一的数据标准和数据交换的接口，让各项目的融合与跨平台的合作从不可能变为可能。

（1）云数据储存中心。婺源应加快智慧乡村旅游数据库基础信息的收集，加快建设综合性的智慧旅游数据库。中国旅游研究院在江西省婺源县建设了第一个乡村旅游观测站,这说明政府部门尤为重视该区域的乡村旅游发展。婺源应充分利用这一优势,收集、整理基础数据,有效地整合资源。数据将乡村旅游景区、景点、酒店、民宿、旅游商店、现代农业观光园区以及过去一些零散的数据整合,形成统一开放的旅游图形数据库。旅游产业可细分为多个方面,婺源的乡村旅游数据库包括乡村民宿、特色餐厅、写生基地、乡村旅游娱乐项目、乡村旅游自助路线、婺源特色乡村商品和农产品等方面的诸多数据库。

（2）云数据交换中心。旅游云数据交换中心以云数据存储中心为基础,连接婺源智慧城市平台上的应用,连接县市旅游、测绘、气象等部门数据库,使婺源旅游企业和各在线旅游网站通过该平台实现数据同步和信息及时更新;除此之外,还需要开展相应的信息共享和相关部门的协调运行机制建设,对数据进行更新和持续性维护,为管理者和规划者的决策提供科学依据和技术支撑,为智慧旅游信息系统提供数据保障,从而有效积累和巩固智慧旅游的建设基础。

二、乡村旅游智慧平台的应用

（一）智慧乡村综合监管平台

1. 平台的资源保护系统

（1）地理信息。图形化、三维化地展示婺源乡村景区的空间资源,统计分析婺源地理资源和基础设施建设情况,将数字图像处理、遥感和卫星导航定位技术集成在同一个平台上,对婺源进行文物保护、生态保护、数字监测、自然灾害预警、旅游信息更新等工作提供保障。

（2）环境监测。以地理信息系统建设为基础,运用智慧旅游的网络监管技术,实时监控乡村的水体环境、大气环境、生物环境、古建筑古文物状况、噪声状况、垃圾排放状况等相关环境状况,运用数据分析系统,将分析结果作为乡村旅游可持续发展的技术指导,保护乡村旅游资源。除此之外,此系统还能够有效地监管乡村旅游经营者,对景区人和自然之间的关系进行分析,预测其发展方向,监控并警告擅自拆毁古建筑、毁坏古文物、破墙开店等破坏乡村旅游自然和人文资源的行为,保护及可持续地发展乡村旅游。

（3）资源的综合开发评价。基于云数据库，对婺源乡村旅游资源开发现状、开发利用程度、具体项目开发建设情况进行观察。挖掘乡村旅游资源特点，打造乡村旅游主题文化，避免资源闲置浪费、资源过度开发或重复建设。构建多媒体资源，深入挖掘和激活婺源乡村旅游开发存量资源，将这些资源转化为乡村旅游产品，利用这些旅游产品建设婺源新农村，提高婺源建设的经济和社会效益。

2. 平台的智能安防系统

（1）电子门票。婺源普遍实行旅游门票通票制度。目前，指纹电子门票在乡村旅游中使用较多。在景区购票或验票时，应收集游客的指纹信息。如今，"指尖旅游"逐渐成为热点，电子商务发展迅速。婺源还应进一步推广电子门票，使用手机二维码入园。这样的系统能够减少纸质等介质的门票带来的资源浪费，也能够提高游客的入园效率，使景区入园的工作高效化、便捷化。此外，系统还具有游客统计、收入分析、财税统计等功能，限制网上订票数量，控制景区人流，全面提高婺源乡村旅游景区的现代化管理水平，提高婺源乡村旅游景区的经济效益和社会效益。

（2）车流监控。通过车流监控系统能够协助乡村景区智能停车系统的建立，发布乡村景区的停车位信息、车位管理信息，支持游客通过系统反向寻车，对游客停车做收费管理，让游客可以提前预约停车位。经由实时监控和数据上报，实时发布车位信息，便于停车场的调度工作。若监控到景区停车位停满的情况，系统会自动发出满员告警。婺源所有的景区可以运用该系统进行联动，以此管理车流。游客自驾下高速进入婺源的时候，会自动收到一张 FRID 通行证，该证能够准确定位游客的行程，系统便可以获取相对准确的车流信息，从而帮助管理人员做出准确的预警决策。

（3）应急指挥。在婺源的乡村景区关键节点根据旅游乡村的具体经营情况安装摄像头，只能监控景区内部状况。管理者可以通过网络和手机远程监控，检测农村景区内部的实时情况，随时随地管理和监控景区的情况。系统还可以实现与交通、公安等部门的数据联动，检测乡村旅游道路上的交通信息，实现多个部门之间的联动，快速解决现场问题。此外，该系统还可以智能监控农村各景区的人流量，从而引导游客出行或及时进行人流疏导。如果游客在乡村景区或景点发生紧急情况，可以利用该系统快速了解现场情况，迅速安排救援工作，及时发布信息公告，引导游客撤离。

3. 平台的行业监管系统

（1）旅游诚信子系统。该系统包括旅游诚信执法系统和在线投诉系统，能够采集游客投诉记录和企业问题记录等数据，并分析这些数据中投诉的数量、类型、特点及问题处理的效果等，以此加深旅游企业对问题的了解，督促各个旅游企业更好地做到法规政策的执行及服务质量的提升。该系统也在旅游企业的选择中为游客提供了相对权威的参考。游客可以在系统中进行导游及旅游企业等的诚信记录的查询，在游玩后，也能够评价、评分或投诉旅游企业、旅游景点与景点服务人员。构建此平台能够对婺源旅游行业信用体系建设进行完善，督促旅游企业做到诚信化经营，向大众普及旅游法律法规，使游客能够便利地进行网上投诉及相关法律法规的查询，有利于解决游客、经营者和旅游质监执法机构三者之间的信息不对称问题。

（2）资源整合和管理子系统。该系统能够整合和互动婺源乡村旅游业的内外部资源，其中内部资源包括农家乐、乡村民宿酒店、旅行社、乡村景点等资源，外部资源则包含游客信息、旅游协会信息以及相关的政策信息等。该系统能够搜集各行业经营者的数据，而提供这些数据的经营者，也能够通过系统的资源整合获取其他旅游经营者和旅游行业的数据，为其后续的发展决策提供一定程度的参考。政府可以为家庭旅社、农家乐等小型旅游企业提供专项支持，帮助其发布和获取旅游相关信息。

（二）公共信息服务平台

旅游公共服务建设的核心内容是公共信息服务。公共信息服务也因为智慧旅游系统而丰富了自己的方式和手段。婺源的智慧旅游公共信息服务平台的构建，能够通过各种多媒体手段和信息的渠道，向游客提供全方位的、立体化的、及时便捷的旅游信息服务体系。其中，乡村景区信息发布的子系统、基于位置信息的服务系统和深度引导系统是该系统的具体建设项目。

1. 智慧乡村旅游信息查询系统

（1）智慧乡村旅游网站。婺源智慧乡村旅游官方网站是旅游公共服务的重要渠道，也是游客获取婺源乡村旅游信息的重要载体。在现有官网的基础上建设智慧旅游官网，整合婺源餐饮、住宿、游玩、购物、娱乐等信息，从而实现互动旅游板块的创新，为游客提供全方位、一站式的旅游服务；同时，充分整合现有分散的婺源旅游网站、社区、论坛，以超链接服务的形式构建智能服务平台，实现婺源旅游信息的整合。全县旅游信息共享可以减少旅游资源的浪费和重复建设，也有利于相关部门对旅游信息进行统一审核和管理，方便游客查找婺源旅游信息，为游客节省了第一次搜索的时间。

（2）智慧乡村旅游 App。可以促进和旅游企业及第三方智慧旅游开发商之间的合作，鼓励他们参与婺源旅游相关手机应用产品的开发，如婺源智慧乡村旅游 App，游客可以在婺源智慧旅游官网通过二维码扫描下载并安装。App 中包括婺源旅游吃、住、行、购物等一站式旅游信息，还具备景区虚拟游览和旅游导览地图等功能，使游客能够在平台中预订或支付感兴趣的旅游产品。App 还具有自动定位和推荐周边旅游信息的功能。游客在旅途中，可以使用 App 实时分享与评价自己的旅游活动，为其他游客提供参考。

（3）智能终端触摸屏幕。智能终端触摸屏可设置在景区、汽车站、火车站及婺源乡村旅游景区等关键节点的游客服务中心。游客可以通过输入查询旅游信息，到达乡村景区时获得相应的信息服务，对自己要游览的景点进行初步了解，通过智能介绍做出个性化的旅游决策。同时，游客还可以通过智能系统查询当天乡村、旅游商店的优惠信息，获取优惠券，让旅行更加实惠。智能终端是一个公共的、固定的信息平台，提供多语言界面，无论国内还是国外游客，都能享受到便捷的服务。

2. 智慧乡村旅游信息指示和解说系统

（1）"一云多屏"的信息发布系统。和气象、交通等多个相关部门合作，共同建立智慧旅游云平台信息审核发布系统。进行旅游乡村景区介绍、乡村景区天气、交通及景点人流量、景区停车和景区应急预警等信息的搜集，快捷地向系统上报实时数据，经过信息审核后，再向不同区域，通过网页访问、短信彩信、户外大屏、旅游热线、电子触摸屏、智能 App 等多种渠道分级定向发布这些信息。游客能够通过该系统，随时随地获得并了解婺源乡村景区的最新情况，从而获得更好的旅游体验，有效避开旅游道路交通和乡村景区人流拥堵的情况。

（2）基于位置的信息服务系统。移动式终端有智能手机、专门使用的导览设备等。根据现场状况的不同，婺源乡村景区会提供相应数量的导览设备，再结合 GPS 系统与 FRID 门票系统，精准定位游客手持式移动终端的位置。在游客进入旅游区后，景区能够通过移动终端精准定位游客位置，为其提供自动讲解、影音播放、智能导览、周边旅游商铺推介等个性化的服务。

对特殊游客，如老人、残疾人等有特殊需求的人群，智能移动终端能够协助他们进行紧急求助，在情况危急时及时报警。

3. 智慧乡村旅游咨询服务系统

（1）旅游信息服务咨询系统，包括旅游服务热线、旅游信息咨询服务中心、游客服务中心、游客集散中心、旅游信息触摸综合查询机等功能板块。旅游公共信息服务系统是该系统的基础，该系统是游客第一时间到达时最青睐的一种服务。咨询点应覆盖婺源乡村旅游景区，有效地将旅游咨询与服务相结合，提供 24 小时服务的旅游服务热线系统，能够做到一号呼入，向游客提供诸如旅游信息咨询、旅游行程规划、旅游交通预订、旅游途中紧急求助、旅游产品订购等相关服务。

（2）旅游行程规划系统。在查询旅游信息后，游客在制订旅游计划时仍然感到困惑。旅游在线服务子系统采用多种技术对不同形式的旅游服务资源进行整合，为游客提供高质量的旅游规划服务。自助游、自驾游、团体游、商务游、徒步游等不同市场的旅游团体有不同的需求，服务体系需要考虑旅游时间、旅游价格、旅游景点等因素，提供一些经典路线和经典旅游套餐供游客选择。同时，旅游市场也需要更多的特色和多元化，所以也可以针对游客提供婺源乡村旅游的私人定制服务。

（三）智慧乡村旅游公共营销平台

1. 智慧乡村旅游的公共电子商务平台

在婺源，绝大部分旅游的乡村景点都较为分散，也是相对独立的。地理位置相对偏远的地方难以得到有效的宣传，知名度不高，游客大多也未曾听闻。部分乡村景点和酒店可以通过携程、艺龙、去哪儿网等在线旅游服务平台做一些营销，提高知名度。乡村酒店的销售系统受到这些大型在线旅行社（OTA）的冲击，酒店的利润减少了，容易形成资金外流。总而言之，大部分婺源乡村旅游企业受到自身经济水平的限制，缺乏充足的资金和合适的营销平台。所以综上所述，婺源需要着眼于建设公共电商平台，做到全县统一，达到智慧乡村旅游的目的。平台可以免费进行数据采集、分析、市场定位等工作，服务于婺源的各个乡村景点、旅行社、酒店和特产店等旅游商家；同时能够连接婺源旅游诚信系统，评定各个旅游企业的星级，使游客可以从中收获十足的安全保障和能够信赖的高质量服务。平台还可以加大政策优惠、提升品牌效应，吸引婺源的各个乡村旅游企业在平台上注册并登录。平台的建成必定会联合婺源的各个经营商团结协作，利用网络获得可观的经济效益，提升旅游产品的价值，满足众多游客个性化、多样化的需求，为婺源的乡村旅游搭建线上网络销售平台，形成O2O的一体化闭环电商运营模式，成为婺源的乡村旅游特色模式。此平台的功能强大，具体如下：（1）信息发布的功能，能够为游客提供虚拟旅游模式，发布婺源各个乡村旅游景区的天气状况、热点新闻、大型活动、重要通知等信息；（2）精品度假酒店、特色饭店和乡村民宿的预订服务，按照酒店、饭店、旅馆的星级和价格做出分类，预订服务包含餐饮、客房的预订等；（3）旅游购物信息发布功能，包含向游客介绍婺源乡村景点的土特产和产品供应商的优惠信息的功能，如婺源的菊花茶、茶油、茶叶等特产；（4）交通票务的功能，向使用者提供汽车班次时间表和景区开放时间及门票等相关信息；（5）气象预报警示功能，向使用者预报近期婺源乡村的天气状况，为游客的出行做出温馨提示；（6）旅游商品信息介绍功能，向使用者介绍婺源乡村的休闲度假、写生摄影基地、农耕体验、山谷漂流等特色主题旅游产品，还能够向他们介绍各个景区的历史文化和其他人文信息；（7）游客投诉处理功能，能够及时处理游客提出的意见或投诉，监管各个乡村旅游产品的质量；（8）游客呼叫功能，为游客和广大人民群众提供旅游咨询服务；（9）线上结算功能，使游客可以便捷地通过线上电子结算中心的资金管理系统进行结算，这样的方式能够提高资金调控的能力。

2. 基于定位功能的智慧乡村旅游的产品推介平台

逐步推进与电信、移动等运营商的合作，根据游客的地理位置向游客推荐旅游信息。平台可启动游客到达婺源时的定位功能。游客的手机等移动终端设备会收到平台推送的推荐信息，主要是婺源旅游景点及周边热点旅游项目的相关信息，这些信息也显示在婺源旅游电子地图上。游客点击标志可以了解自己感兴趣的商品消费情况、项目具体信息的内容和特点，与此同时，还可以了解其他游客对项目的评论。该平台将记录游客的消费轨迹，利用新的信息技术进行分析，计算出同类游客的消费偏好，并基于游客数据库进行市场化细分，推荐游客可能喜欢的旅游项目及制定人性化的游览路线，让游客省时省力。在政府的指导下，旅游企业可以建立所来游客资料库，根据市场需求开发旅游产品，并通过电子邮件、短信、自媒体平台，定期向他们推荐可能感兴趣的旅游产品、举办的主题活动、新的打折季，从而吸引游客故地重游。

3. 智慧乡村旅游的自媒体营销平台

在当前的移动互联网时代，在信息获取方面，游客更加注重信息的简洁性、有效性与实时性，某些低成本的自媒体平台便自然而然地对接了这一需求，如微信、微博等。据调查，2019 年到 2020 年，微博的用户规模已经达到 5 亿之多，据统计，微信用户已达到 10 亿之多。由此可见，自媒体平台的营销前景十分可观。目前，跟随时代潮流，婺源县旅游局已开启了官方微博和"婺源旅游"官方微信公众号，婺源自媒体营销也取得显著的成效。在以后的发展过程中，婺源应强化品牌效益，重视官方媒体和民间自媒体的品牌营销，使婺源的知名度飞出国门；多使用游客习惯的普适化语言编写营销内容，定期启动有奖励的旅游活动，与游客之间有机互动，逐步培养游客的忠诚度；可以加强与微博、旅游达人、"网红"的合作，借助"明星效应"来共同推介婺源乡村旅游；营销方式需要关注游客的需求，必须与时俱进地关注时下流行元素，又要保持本土特色，鼓励游客共同参与，通过广大的游客群体本身，形成几何式增长的自媒体营销平台；基于此，还可以鼓励各类乡村旅游企业借助云平台的营销方式对游客进行单独的微营销，运用大数据精准定位目标游客群体。

第四节　基于 5G 技术的智慧文创系统创新构建

文创园区平台化转型是 5G 时代下文创产业实现可持续发展的重要路径。本节以景德镇陶溪川国际陶瓷文化创意园为例，通过实地调研，系统提出智慧文创平台建设思路，从智慧导览、智慧宣传、智慧交流和智慧互动 4 个系统构建智能化、数字化、场景化的智慧陶溪川文创平台。在 5G 赋能下，智慧文创平台可成功做到游客、商家和园区三方共同受益，分别实现"智慧旅游""智慧经营"和"智慧管理"，从而推动文创园区向智慧文创平台转型。陶溪川国际陶瓷文化创意园目前还存在着人才团队建设、管理升级、技术升级等困难，需要不断完善人才培养与引进制度，探索智慧平台管理模式，对外加强技术引进，对内提升科研水平，垂直精准宣传，推进平台用户观念更新。

目前，5G 技术的热度逐步攀升，已经成为全球热门的研究话题。5G，即第五代移动通信网络，速率高、容量大、时延特性低是它的优点。2019年是 5G 的商用元年，5G 技术深入应用在了人工智能（AI）、增强现实（AR）、虚拟现实（VR）、物联网（IOT）等新兴技术形态之中，即将触发新一轮产业变革和科学技术革命，文化创意产业也随之迎来前所未有的发展机遇。文化产业发展的繁荣会延伸到文创产业领域，其核心点便是不断创新，现在更是有数字科技手段支撑文创产业。文创产业也是新兴的文化产业，它以文化艺术和经济全面结合为特点。国务院发展研究中心于 2019 年 8 月在《中国数字文化产业发展趋势研究报告》中提出，当前数字文化产业的发展将被以 5G 技术为代表的下一代新兴通信技术、大数据、人工智能（AI）等革新，紧接着，数字文化产业将步入寻觅发展的新时代。同年 8 月，科技部、文化部与旅游部等 6 个部门联合推出的《关于促进文化和科技深度融合的指导意见》中明确表示，要将文化和科技逐步深度融合，做到文化科技创新能力的全面提升，文化发展方式也要转变，从而使文化事业和文化产业发展得更好更快，进一步提升人民群众的精神文化生活水平。"4G 改变生活，5G 改变社会"，5G 技术是未来文创产业发展新的赛道。在 5G 技术加持下，加强文创产业与环境艺术、工业设计、影视传媒等行业的深度融合与充分交流，更深层次地聚集产业，从而关联与文创领域相关的产业共同发展。不仅如此，通过万物互联，5G 技术促进文创智能终端平台的搭建，推动了全产业的深度改革与重新整合，创造了智能化—产业集群—融合文创的新型业态，做好文创繁荣生态圈的准备，而这些创新性的成功之举是 4G 技术无法实现的。在 5G 技术时代的大背景下，建设和优化智慧文创平台，能够满足多元化主体的利益需求，实现文创平台的转型升级，这对文创产业的可持续发展产生了至关重要的作用。

一、5G 时代智慧文创平台

在 5G 技术的支撑下，可以联系起整个文创园区内的网络自媒体、资源设备、使用者和智慧管理等内容，形成一种全移动、全连接的局面。从文创智慧平台的整体来看，5G 主要是与云计算、大数据分析、地理信息系统等技术产生结合，提供更为优质的商品服务给广大的消费群体，也能够提供更为精确的客户信息给诸多生产者，还可以提供更为高效的管理模式给文创产业的管理者，从而促进各个主体运行成本的降低。在文创智慧平台中，MySQL数据库作为数据支撑，促进了物联系统的搭建，能够将各类业务数据传输至云端（选用百度智能云），并下设四个子系统，系统的架构如图8-8所示，所有系统核心将围绕智能展开。

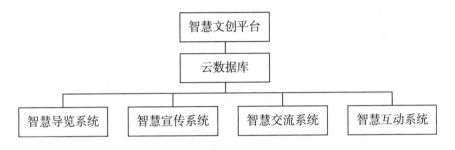

图8-8 智慧文创平台系统架构

各文创园区能够在智慧导览系统中实现导航地图的动态化，360°还原重现博物馆中的文物，把"时空穿越"变为可能。其他智能导览系统，如智能停车位、智慧卫生间等设备，更是能够节约游客的时间。高网速方便其进行精准的查询，从而提高游客群体的旅游质量。由于5G技术的普及，智慧宣传系统中的文化生产、传播与消费将产生重大的变革，人人都可以通过撰写文案、录制短视频等方式参与文化的创造和传播，让更多人成为多元化的文化内容的创造者，这也促使文创产品种类的多样性和原创性，产品的宣传范围也会越来越广泛。超级视频播放平台和更加清晰的影视项目，如"8K＋VR"直播等的结合，能够为用户带来身临其境的视频体验。5G与IOT相结合，能够在智慧交流系统中真正实现万物互联，打造智慧型、可互动型的文创产业园，而人们的社交方式将会随之发生变化，也改革了平台联动的文化产业商业的模式，进一步拓展人群社交领域。在智慧互动系统中，平台一方面联合文创产业园区的管理者、商家、游客等诸多主体共享信息；另一方面，文创园区内部产业得到协调发展，园区内部音乐工作室、影视工作室、游戏吧、设计公司、美术展馆、主题餐厅甚至偶像群体经济、网红经济等文创关联产业发展迅速，使园区保持良好的业态，实现可持续性的经济收益。

将文创平台与5G技术相结合，促进文创产业园区进一步发展，使文创产业成为城市发展的新动力。习近平总书记2019年5月视察了江西，并提出了"建好景德镇国家陶瓷文化传承创新试验区，打造对外文化交流新平台"的重要指示。国际陶瓷文化产业园（以下简称陶溪川）"陶溪川·CHINA坊"不仅是景德镇市的重点项目，更是享誉全球的世界级艺术交流平台，对于习近平总书记指示的贯彻落实，发挥了至关重要的作用。本研究基于 5G技术，搭建智慧陶溪川文创平台，在实践过程中发现问题，并提出对策应对困难，帮助陶溪川文创产业园区顺利转型升级，使其能够早日进入智能化平台运营新的征程。

二、5G 时代智慧文创平台建设思路

陶溪川的地理位置处于景德镇市珠山区，依托着景德镇丰厚的陶瓷文化底蕴和宇宙瓷厂等诸多工业遗产进行园区设计，在中国应是首个以陶瓷文化为内涵并且集休闲娱乐、美术文化、艺术品展示、DIY 制作于一体的文化创意园区。陶溪川是工业遗址和文化产业相结合的典范，拥有来自国内外的致力于陶瓷艺术文化的大师、爱好者和青年创客。近年来，资源配置的效率相对较低、管理模式与社会发展的匹配度不高、园区产品雷同重复、缺乏有特色的原创产品、品牌知名度不高等困难，使得陶溪川工业遗产资源、陶瓷文化资源和创意资源的利用与传播止步不前，且这样的发展状况对陶瓷文化和工业文化持久传承十分不利。现在试图利用 5G 技术在一定程度上帮助陶溪川转型升级，从而搭建集智能化、数字化、场景化于一体的智慧陶溪川文创平台。为了获得更好的研究样本，本次研究还实地考察了广州柴火创客空间、北京故宫博物院、杭州手工艺活态馆、深圳大芬村等全国各地的知名文创园区，并对这些成果案例做了数据统计，深入分析各种因素指标和经验总结，并提出了陶溪川智慧文创平台的搭建思路，从而帮助陶溪川实现"结构改造、功能再造、文化塑造、环境营造"建设发展目标。

（一）全方位的园区智慧导览系统

该导览系统综合运用了"5G+ 大数据"技术、可测量实景印象技术和虚拟仿真技术等，用于陶溪川及附近区域详细地理位置信息的获取、园区实景的三维模型的制作、获得三维动态地图。除此之外，智慧导览系统还能够智能化地为游客推荐最佳游览路线和最佳车位停放点，为游客提供个性化定制路线，四种语言、不同风格的语音包等服务，充分满足游客的各种需求。导览系统通过与 VR 技术相结合，打造出优质的虚拟场景画面。这些画面能够

还原场景中的历史古迹及文化背景，一方面促进园区文物的开发与保护，另一方面能够真正地为游客带来沉浸式的体验。平台还能够通过 AI 算法统计计算游客的产品购买数量和种类，供园区商家进行参考。系统可以实时地推送途经本店的游客人流量，以此来引导用户进行产品购买，增强游客的服务体验，并进一步增强平台用户对平台的依赖性，加强平台的可用性。园区管理者能够运用该系统，可视化地动态监督管理文创园区内的游客行为、管理者行为、基础设施状况、历史文物情况等，还能够通过"5G ＋ AI"技术，做出人流预警及消防预警，准确、及时地分析关键位置的风险情况，通过平台在旅游旺季和人流高峰期做出合理的引流，统筹全局，提高管理者工作效率。

（二）多功能的园区智慧宣传系统

园区宣传的体系能够通过文创平台与 5G 技术的跨界融合，变得更为智能化与时效化。而陶溪川智慧文创平台宣传体系有以下两大类：一是商家针对游客的宣传。通过 5G 技术，商家能够以自媒体的方式在平台上插入软文、图片、视频等，详细地为平台使用者介绍商家自身基本信息和文创产品。这种方式丰富了文创产品的文化内涵，向平台使用者传递文创产品的文化价值，综合提升园区文创品牌的知名度。再者，借助"5G ＋ VR"技术，使商家能够通过仿真实景直播的形式在线制作文创产品，使平台使用者能够有身临其境的体验，增加游客的购买欲，使高雅、艺术的文创产品走近普通游客。另外一种宣传方式则是文创产业园区的管理者对商家和游客的官方宣传。在吸引优质商家入驻、激励游客参与等方面，陶溪川管理者可以在该平台发布有关园区基础设施改善、园区趣味活动宣传以及园区景点介绍等相关图文和视频介绍；除此之外，还可通过文创平台大数据，选出人气最高、信用度最高、性价比最高、品质最高的商家，进一步宣传优质商家和文创产品。在 5G 技术高共享性和低延时性下提高宣传效率，吸引更多游客注册并使用文创平台，产生行业、学科跨界效应，吸引更多的实力雄厚的商家、著名艺术家、有活力的创业者加入平台。

（三）多元的园区智慧交流系统

"5G ＋ VR"和"5G ＋ 社交"是陶溪川智慧文创平台运行的特殊模式，

通过这样的方式，建立多元的智慧交流体系，提升外部对陶溪川的了解程度，以此达到提升游客对园区的信任度、降低游客的诸多疑虑。首先，陶溪川可利用文创平台，增设线上沟通和线下预约学习功能，促进商家与商家之间的交流，促使不同商家之间更加便捷地相互联系，促进商家与商家之间进行经验分享和信息互换。其次，陶溪川以文创平台作为沟通桥梁，发挥5G网络的优越性，建立与其他文创产业之间的合作，如增设线上文化创意园区中的学术探讨板块，使商家及艺术家、高校研究者能够通过面对面认识了解制陶元素，并与高校协作开展产教融合项目。高校师生以项目制模式，研发设计文创产品，保持原创性和独特性。最后，游客可以在文创平台上利用5G高速分享拍摄的照片影像和游玩攻略，打造一个以陶溪川为主题的5G游客社交圈，实行用户之间的有奖推介机制，促进文创平台快速发展，实现平台用户数量的几何式增长。

（四）宽领域下的园区智慧互动系统

在文化产业园区中，游客、企业和管理者是紧密相连的。陶溪川智慧文创平台应以技术支撑为基础，实现园区内多层次、多维度互动的目标。在游客和企业的互动中，5G为他们提供了沟通交流的桥梁。游客可以通过手机等移动终端扫描二维码，从商家处获得相关文化创意产品的图形介绍等旅游信息，从而对产品有更深入的了解，激发游客的消费欲望；同时，也便于提高管理者的服务质量，积极搭建基于AI网络的互动媒介，提供高品质的信息匹配，确保核心交互具有更高价值。例如，在包存储系统添加人脸识别功能，将活动宣传、成果展示、景点介绍、弱势群体无障碍设施布置等信息发送下来，实现人机交互。陶溪川还可以利用5G的大带宽特性，在园区内全面覆盖5G全景摄像头，使游客只需要佩戴VR眼镜，足不出户，就能实况感受千里之外的园区景观和相关活动，完全突破了时间和空间的限制，促进了人们与园区之间的互动。

三、基于5G技术的智慧文创平台

作为智慧文创平台的核心技术支撑，5G技术为平台运营数字化、智能化和互动场景化发挥了至关重要的作用。

（一）5G赋能：平台智能化

5G赋能能够促进智慧文创平台的协调发展，实现平台智能化。目前的平台体系之中包含4个板块系统，即智慧导览、智慧交流、智慧宣传和智慧互动，各个系统之间密切联系，能够依靠5G技术完成平台信息流共享、传导与反馈，使得整个平台协调运营。图8-9为陶溪川智慧文创平台运行机制，图中显示在智慧导览和智慧宣传中实现数据资源的共享。宣传系统还可以及时收到用户在传播系统和交互系统中的活动反馈，实现平台内部的信息交叉传导，同时，为平台提供技术、资金、人才等资源投入。最后，正常运营平台，使主体收入增加，从而促进园区经济发展，使得陶瓷文化迅速传播，复兴历史悠久的陶瓷产业，更有效地保护园区文化遗产，以陶溪川作为示范园区，集陶瓷创作、校企联合、青年创业、知名品牌、教育、娱乐于一体。

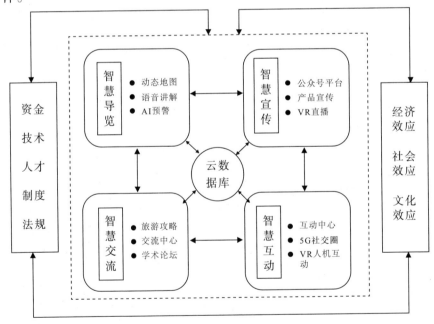

图8-9　陶溪川智慧文创平台运行机制

（二）5G赋能：平台数字化

5G的优势在于可以快速、高效地采集平台数据，提高园区内信息流通的效率，实现整体平台的数字化，它对提高信息的时效性起着重要作用。数字化是陶溪川文化创意产业园可持续发展的最大特色和动力之一，平台数据信息传导的具体流程如图 8-10 所示。通过 5G 技术、衍生 3D 成像、云计算等，从平台四大系统获取大量数据信息，实现数据转换和过滤。最后，通过应用中心使得许多平台的用户可以获得信息。同时，文化创意平台还配备了云数据库进行数据存储和同步更新。陶溪川创意文化产业园依托历史悠久的陶瓷文化，挖掘工业遗产文化和非物质文化，利用 5G 技术将繁杂的数据分门别类地整合在一起，将资源整合分化，数据溢出效应逐步增强，搭建实时、有效的数字化平台。

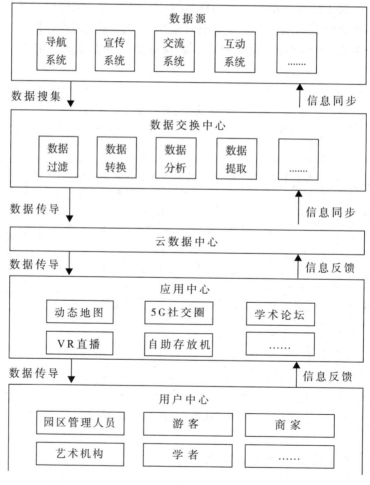

图 8-10 陶溪川智慧文创平台数据传导流程

（三）5G 赋能：平台场景化

5G 赋能的优点是能够使用户身临其境，加深用户的沉浸式体验感，以此来做到平台的场景化。与场所的概念有所不同的是，场景与人的感知密切相关，它是人与空间相互融合的概念。陶溪川文创产业园区具备众多的工业遗产，其中涵盖宇宙、雕塑、为民、万能达瓷厂等 10 多个老工业厂房遗址。这些原有的元素，如建筑、老窑炉、烟囱及墙上极具时代烙印的标语都算是场景元素。在 5G 技术的加持下，陶溪川智慧文创平台提升了对如上场景元素的应用，实现产业园区内容的场景化，真正做到了内容先行、体验至上，成功地建立了优质的场景互动模式，其中包括使用"5G＋VR"技术，实现两者之间的深度结合，打造优质的虚拟场景画面，还原了历史古迹，真正地为文化消费者带来了沉浸式的体验。

自党的十九大提出"乡村振兴战略"以来，乡村振兴发展渐成鼎沸之势，特别是在乡村振兴、文旅融合的时代背景下，"数字化＋文创＋旅游"成为连接桥梁。特别是对于乡村，"数字化＋文创＋旅游"正以一种新的生产方式挽救日渐消散的乡村遗韵，并且通过数字技术、文化创意与旅游要素的结合为乡村旅游赋能，提升乡村软实力。三者在具体实践过程中集中表现在几个方面：第一，赋予了农耕文化新的呈现形式。乡村文化的振兴必然需要传统农耕文化的传承，这是实现农村有效治理的重要基础，同时也是实现数字化乡村旅游灵魂的重要体现。乡村旅游产业科学、合理地利用自然景观和人文景观，将传统农业文明、农耕活动和休闲农业与现代乡土文化有机结合，促进了乡村三个产业的共同发展，促进了乡村生产的发展，生产、生命与生态三位一体，有力地推动和促进了乡村振兴。第二，让传统旅游产品实现有机更新。运用 3D 投影技术、VR 技术、AI 技术等现代技术手段，实现传统旅游产品的有机更新。在原有农耕文明博物馆的基础上增添 VR 农事体验馆，在 VR 技术的作用下，游客能够获得更为直观的身临其境的体验，充分了解农耕文化的发展历史，获得趣味体验。例如，百年古村落、人民公社、红色革命等场所设计，可以采用乡村剧场的方式，运用现代舞台灯光技术，更加全面、优质地呈现农耕戏曲故事，为城市游客带来现代城市与农耕戏曲相碰撞的视听体验，能够通过 3D 投影技术，将各种典故和事迹以投影的方式展现在游客面前，第三，农耕文化可以体现乡村旅游的内在价值和附加价值，也是乡村旅游的精髓。因此，乡村文化的繁荣和乡村旅游的发展是建立在丰富的文化内涵基础上的，需要我们努力挖掘与保护、传承和发扬光大。注意发掘和整理民间鲜为人知但仍有传承的农耕文化，深入挖掘乡土农耕文化的内在潜力。同时，要与时俱进，重视农耕文化传承的新形式。对于乡村而言，文化创新就是用新的文化生产方式挽救正在耗散的乡村文明，结合旅游元素赋能乡村旅游，提升乡村软实力，加大挖掘农村优秀文化资源力度，更好地发挥文化对乡村振兴的助力作用。

结论与展望

　　不论是数字技术的运用，还是乡村旅游空间布局，对于研究者来说都是可以深入研究的范畴。本书是在现有的条件下，对时空轨迹、无人机遥感技术、地理信息系统技术、5G 及其衍生技术，如人工智能技术、虚拟技术等，在乡村旅游空间布局中的运用进行研究，在研究深度上可能有所欠缺。随着对数字技术研究的不断深入，将会有更多种类的数字技术引入乡村旅游空间布局中，数字技术深度赋能，现代乡村旅游业未来可期。

　　数字技术与乡村旅游空间布局结合的设计方法探讨本来是繁复的工作，其涉及内容之多、范围之广难以想象，所以本研究讨论的数字技术辅助乡村旅游空间布局只是一种乡村景观规划设计方法的补充和策略改善，其涉及的理论基础依然是乡村旅游空间布局的相关理论，并没有触及设计方法的改变。另外，数字技术的发展日新月异，使得本研究存在时效性问题。在本书涉及的内容探讨中虽取得些许成果，但依旧存在许多不足：本研究过于注重对数字技术应用于乡村旅游空间布局内容及过程的论述，疏于对设计方法和整体应用策略更深层次的探讨，主要表现在对乡村旅游空间布局烦冗认识和工作方法了解有限，数字技术掌握程度欠缺，今后当多看相关资料，提高专业素养和研究能力，进一步深入研究数字技术辅助乡村旅游空间布局的策略与方法。

　　数字技术的发展已经在许多领域发挥着重要作用，相比之下，数字技术在乡村旅游空间布局领域的应用还处在初步发展阶段，数字技术辅助乡村旅游空间布局的研究还有很长的路要走。相关技术的引入虽然对乡村旅游空间布局的实践有所帮助，但还不够。动态化、协同化和适时化的乡村旅游空间成为后一阶段数字技术辅助乡村旅游空间布局研究的重点，其中参数化设计、动态化设计、协同化设计可能成为未来乡村旅游空间布局的发展方向。

参考文献

[1] 刘玉,任艳敏,潘瑜春,等.面向乡村振兴战略的乡村发展格局及其分区研究[J].农业工程学报, 2019, 35（12）: 281-289.

[2] 赵静.加快湖北数字乡村建设的对策思考[N].湖北日报, 2019-06-30（007）.

[3] 李珊珊.美丽乡村视野下特色旅游村镇景观规划的原则与策略研究[J].农业经济, 2019（1）: 61-63.

[4] 王群.湖北省乡村旅游与小城镇建设互动发展探析——以长阳县都镇湾镇为例[J].农业经济, 2012（4）: 36-37.

[5] 夏天, 史云, 吴文斌.遥感技术在数字乡村建设中的作用[J].卫星应用, 2020（9）: 8-13.

[6] 刘澜, 唐晓岚, 熊星, 等.GIS技术在风景名胜区乡村景观肌理研究中的应用初探[J].山东农业大学学报（自然科学版）, 2018, 49（6）: 952-957.

[7] 党安荣, 史慧珍, 何新东.基于3S技术的土地利用动态变化研究[J].清华大学学报（自然科学版）, 2003, 43（10）: 1408-1411.

[8] 张霞, 王森琦, 陈乃光, 等.基于时空轨迹数据分析的校园广场空间优化——以武汉大学珞珈广场为例[J].华中建筑, 2019, 37（5）: 88-95.

[9] 涂文学, 黄其新.乡土为根农旅融合推动湖北乡村旅游更好发展[J].理论月刊, 2017（12）: 124-127.

[10] 陈英瑾.风景名胜区中乡村类文化景观的保护与管理[J].中国园林, 2012（1）: 102-104.

[11] 陈莹，王旭东，王鹏飞 . 关于中国乡村景观研究现状的分析与思考 [J]. 中国农学通报，2011，27（10）：297–300.

[12] 刘翔，朱雪坚，叶雪波，等 . 美丽乡村地理信息系统的设计与实现 [J]. 测绘与空间地理信息，2016，39（5）：110–112.

[13] 黄娟，黄英，张敏 . 基于网络关注度构建旅游公共服务体系的实证建议——以武汉为例 [J]. 现代城市研究，2016（2）：126–131.

[14] 张霞，王斌 . 陕北地区乡村旅游精准扶贫效应评价 [J]. 中国农业资源与区划，2020，41（6）：311–318.

[15] 乔花芳 . 湖北省旅游业的时空分异及空间治理研究 [D]. 武汉：华中师范大学，2015.

[16] 李季 . 旅游景区数字服务平台的信息艺术设计体系建构与研究 [D]. 上海：上海大学，2018.

[17] 魏红江 . 日本旅游业发展研究 [D]. 沈阳：辽宁大学，2017.

[18] 薛勇，穆丹，梁英辉，等 . 数字时代乡村景观在园林景观设计应用中的理论研究 [J]. 农业与技术，2013，33（4）：143–144.

[19] 詹文，程会凤 . 乡村生态宜居景观数字化营建技术应用探析 [J]. 新农业，2019（21）：83–85.

[20] 杨利柯 . 许昌市乡村旅游交通体系优化研究 [J]. 产业与科技论坛，2021，20（2）：225–227.

[21] 邓晓磊，罗岱，李亚旭 . 智慧旅游背景下的乡村旅游生态服务系统设计 [J]. 包装工程，2018，39（4）：199–202.

[22] 张丽芬 . "农家乐" 乡村旅游的乡村景观规划设计 [J]. 科协论坛（下半月），2009（5）：146.

[23] 曹俊杰，蒋云良 . 可视化技术在时空轨迹数据中的应用 [J]. 湖州师范学院学报，2019，41（4）：58–63.

[24] 周欢，王海涛，钟之阳，等 . 时空轨迹数据智能处理与模式挖掘技术研究 [J]. 电信快报，2018（7）：12–16.

[25] 王怡，卢琪玉，杨肖丹，等 . 基于时空轨迹记录和情感体验的旅游足迹照片集分享的系统设计与实现 [J]. 现代计算机（专业版），2017（18）：75–79.

[26] 车彦卓，刘寿宝 . 探析无人机低空遥感技术与人工智能技术融合发展 [J]. 中国安防，2021（4）：34-38.

[27] 谭金石，祖为国，刘丽 . 无人机低空遥感在复杂山地森林景区实景三维构建中的应用——以南岭国家森林公园为例 [J]. 林业与环境科学，2021，37（1）：68-72.

[28] 鲁恒，李永树，何敬，等 . 无人机低空遥感影像数据的获取与处理 [J]. 测绘工程，2011，20（1）：51-54.

[29] 张翀 . 地理信息系统在景观生态学中的应用 [J]. 能源与节能，2020（8）：84-86，88.

[30] 张骏 . 三维可视地理信息系统在城市规划中的应用研究 [J]. 中国新技术新产品，2020（15）：131-132.

[31] 孙田田，黄建昌 . 地理信息系统在景观规划设计中的发展与应用 [J]. 现代园艺，2018（24）：69-70.

[32] 凌欢，林杜锐 . 基于 GIS 的泉州市古街巷地名文化景观空间分布 [J]. 黎明职业大学学报，2018（2）：48-55.

[33] 王怡憬 . GIS 在景观中的应用——以潭獐峡项目为例 [J]. 现代园艺，2017（23）：112-114.

[34] 王学敏 . 5G 与泰安民俗旅游品牌建设融合发展研究 [J]. 新闻研究导刊，2021，12（9）：242-244.

[35] 朱治衡，魏光普，于晓燕，等 . 白云鄂博矿山公园 5G 景观设计更新策略研究 [J]. 现代园艺，2021，44（7）：83-87.

[36] 邱东来 . 5G 建设与城市风貌融合的流程与方法 [J]. 邮电设计技术，2021（2）：42-46.

[37] 刘秀丽 . 5G 技术引领下乡村旅游形象的游客感知与优化 [J]. 农业经济，2020（12）：140-142.

[38] 周银凤 . 5G 发展背景下中国乡村振兴的机遇 [J]. 信息系统工程，2020（7）：149-150，152.

[39] 陈颖君，蒙琳，王纪忠 . 5G 时代海南省互联网农业小镇的数字乡村发展路径探析 [J]. 热带农业科学，2019，39（12）：119-126.

[40] 王依鹏 . 基于 5G 通信技术的乡村旅游智慧化发展研究 [J]. 现代经济信息，

2019（19）：355.

[41] 赵练达. 中国数字乡村建设问题研究 [D]. 大连：辽宁师范大学，2020.

[42] 杨伟. 时空轨迹数据的结构化处理与行为语义感知 [D]. 武汉：武汉大学，2019.

[43] 宋传峰. 数字技术辅助景观规划设计初探 [D]. 重庆：重庆大学，2013.

[44] 徐浩洋. 吉林省乡村旅游空间布局及线路整合研究 [D]. 长春：吉林建筑大学，2016.

[45] 李博伟. 数字化技术在盘古庄园规划中的应用研究 [D]. 保定：河北农业大学，2018.